CONTENTS

〔研究論文〕

日本語における「しあわせ」概念の変遷

武蔵野大学・龍谷大学大学院　前廣　美保

抄録

時代の変化によって価値観も変遷する。本稿では「福祉」と同義である「しあわせ」概念の変遷について、奈良時代から時代を追って考察を行った。「天の思惑に合わせる」から、仏教思想などを取り入れつつ、いつしか「物理的な豊富さ」を指すような意味が中心となっていった「しあわせ」は、近年では、「思い通りにならない状況があっても、日常生活が当たり前に送ること」を指すような言葉となりつつある。

仏教においては、宗派によって仏に帰依する方法が違ったとしても、苦難を受容し、暮らしの安寧を求める姿勢が、自らの内に目を向けて、社会や大いなる存在と繋がろうとする点は同じものである。そのように、主体的に人生に向き合い、「障害を得る」といった天の采配を自然体で受け止められるようなあり方が「しあわせ」という状態だと考察できる。

この概念は、社会福祉の倫理の中核である「個人の尊厳の尊重」として、「クライエントの主体的な選択と判断が、本人にとっての最善となる重要な価値となる」という考えにも通じるものである。

キーワード：

しあわせ、福祉、障害、受け入れる

1．はじめに

仏教において福祉とは「人間の生活の共同をとおして幸福を得ること」[1] と定義されており、さらに福祉とは神や帝など上から与えられる「さいわい」を指していたとされる。君主から与えられる慈恵として「仁」を重んじる儒教に対し、仏教における「慈悲」は天に根拠を持つ身分制にこだわらない。その概念は、イギリスやドイツの福祉が意味する「より良くある状態を目指す」と同義である。

天とは、古語では「あめ」といい、空《そら》と同義であり、人が生きる「地」と対をなすものである。天《てん》は、創造主でもあり、運命や自然の理も意味する。仏教における天とは、六道のうち最上位にあたる天上界[1]を指し、キリスト教では、神が住むところを天国と呼ぶ。天が人の暮らしを統治するものであり、人の思惑の及ばないものであるという考え方は、古来世界各地に存在している。天の思惑はどうあれ、人がお互いの関りを通してよりよくありたいと願う行為が福祉だといえる。

仏教と社会福祉の関りについて、日本仏教社会福祉学会（1966年）では、幸福と結び付けて次のように記されている。「人の幸福は社会的なものであると同時に、ひとびと個々の主観的なものであるからである。」[2]

2019年度世界幸福度ランキングで、日本は156カ国中58番目となった。GDPによる経済力では世界３位に位置づけられている日本は、同時に自殺率もトップランクであり、精神科病棟数世界一とあわせて、国家として豊かに見えても、個人は幸福を感じにくい社会であるといえよう。西村と八木[3]は、インターネットを用いた調査から、自分で決めた経験が多いほど人は幸せを感じるため、日本人の幸福感の低さの理由として「自己決定の機会が少ない」ことだと論じている。集団としての調和を個人の価値よりも重んじる価値観を持つ日本社会で、「しあわせ」とは一体、何を意味する言葉なのであろうか。

２．本論の目的と倫理的配慮

本報告では、「しあわせ」という日本語の意味が、時代ごとにどのように変化してきたのかについて、仏教思想を含め、ソーシャルワークの視点を軸にして、複数の領域から多面的な観点で考察を行う。クライエントの生活と環境の接点に介入するソーシャルワークは、社会学、民俗学、人類学、経済学、環境学など幅広い分野の研究から影響を受けているためである。本論の考察は、多様な信仰を包摂し、神仏融合の文化を持つ日本の特徴を捉え、福祉実践のための倫理の基盤とする。また、「障害児を育てる母親のしあわせ」をテーマとした聞き取り研究の前章として、「しあわせ」とは何かを解きほぐし、ひとつの定義を導き出すための試論である。

なお、本報告は文献研究のみであり、倫理的な配慮が必要となる調査等は行っていない。

---

1. 仏教における天上界はキリスト教の天国とは異なる理解である。輪廻を繰り返して魂がたどり着く最上階と捉えられている。キリスト教の天国と同じように捉えられる「浄土」とは、六道から解脱して悟りによってたどり着く場所とされる。

3．奈良時代　710年－794年

「しあわせ」という言葉は奈良時代に「為（する）」という言葉から起こり、私の行為は「天の思惑次第」[4] であり、「運命」と同義であったという[5]。その後、「為合わせ」から「仕合わせ」に変わり、人と人との関係がうまくいくことを「仕合わせ」[6] と呼ぶようになった。さらに、「しあわせ」とは、「他者の振る舞いと合わさって、思ってもみないことが起こり、その巡り合わせを楽しいと思った」[7] ことであり、「概念や思い込みを結びやすい我々の頭やこころをまずひらいて、そして相手や状況に応じて『仕合わせる』こと」、「それまでよく知らなかった自分の発見」[8] であると、玄侑は論じている。

また儒教では、人は他者との関係を重んじ、個人ではなく共同体として幸福を求めることが重視されてきた。さらに、道教の陰陽哲学においては、常に物事は対極のバランスを保つと考えられていることから、不幸と幸福は表裏一体の概念と理解されている[9]。これらの考え方は現在も、日本人の価値に大いに影響を与えている。

日本最古の和歌集とされる「万葉集」は、奈良時代末期までに編纂されたとされ、庶民から皇族までの様々な暮らしが詠われている。万葉集を研究する中西[10] によれば、幸福感をあらわす「さいわい」とは、もともとは「さき」と「はひ」が合わさった「さきはひ」であるとされる。「さき」という言葉は花が咲くの「さく」が変化したものであり、「はひ」とは「ある状態が長く続くこと」[11] である。とすれば、「さきはひ」とは「花盛りが長く続く」[12] という意味であり、それをもって幸福感を表現するものとして使っていたとしている。

つまり、この時代には「しあわせ」が現代のような幸福を意味する言葉ではなかったと考えられる。

4．平安時代　794年－1185年

王朝国家が10世紀から12世紀まで続いたのち、1167年からの平氏政権を経て戦国時代へと移行していった平安時代は、安定した政権が続き、貴族が優雅な文化を醸成した。密教経典に基づく真言宗と天台宗が、貴族に保護を受けた平安仏教として発展し、それ以降の仏教の礎を築いた時期だと言われている。庶民の暮らしは厳しかったであろうが、皇族・貴族が栄華を極めた時代である。

CiNii 検索を使用して、「しあわせ、さいわい、幸、平安時代」というキーワードで検索してみたが、この時代に「しあわせ」という言葉がどのように使われていたのかを明らかにできるような文献を見つけることができなかった。

一方で、「知恩報恩」から現代の「しあわせ」を指す概念を考えることができる。菅原道真が醍醐天皇に献上するために900年に編纂された『菅家文草』[13] に収められている漢文の中に、「於知恩報恩、乃無量無辺乎」という表現がある。菅原道真は、仏道に熱心であった母親の影響を受けて、自身も仏教の教えを大事にしていた。「知恩報恩」という言葉は、「私達が受けている恩というものを知り、その恩に報いることが大切であるという意味」[14] である。仏が示す四恩によって生かされていることを知り、恩に報いる生き方が「しあわせ」への道であるとされる。それらは、（1）この世に自分を生んでくれた両親への恩（2）一切衆生、つまり社会で様々に受ける恩、（3）国の恩、そして（4）三宝（仏・法・僧）は、仏様とその教えへの恩である。道真は、これらの恩は限りなく計り知れないものである、と記している。

この時代は「護国佛教」とされ、個人の暮らしの救済よりも国の繁栄のために仏教の教えが用いられていた。人が生かされているのは自分自身の力だけではなく、両親、社会、国、仏法僧からの恩恵によるものとすれば、それらが「さきわう」ことが個人にとってもの喜ばしいことであると理解されるのは自然である。

5．鎌倉時代　1185年－1333年

鎌倉時代は、建武の新政（1333年－1336年）、室町時代（1336年－1573年）、南北朝時代（1336年－1392年）、戦国時代（1467または1493年－1590年）、安土桃山時代（1573年－1603年）と、政権が目まぐるしく変わる波乱万丈の時代であった。それまでは儀礼や修行を重んじた貴族のための宗教であった仏教に、新しい価値観が生まれ、飢饉や干ばつ、戦禍に苦しむ庶民にとっての救いとなるものと変化していった。

例えば、法然が開いた浄土宗は、親鸞によって浄土真宗へと分かれていった。その教えは仏の力の働きを受けることにより、誰もが救っていただける「他力本願」であり、たとえ現世で極悪人であっても、仏の名を唱える称名念仏によって救われるというものであった。「自らの悪を見つめられる人こそ救われるべき」とする悪人正機説が特に重視されている。同じく他力本願を掲げるのは、踊り念仏が特徴的な一遍による時宗である。日蓮宗は、「南無妙法蓮華経」の題目を唱え、道元による曹洞宗と栄西による臨済宗は、座禅などの修行を通して自ら悟りを開くことを主軸とした「自力信仰」である。

このように、苦しい俗世の暮らしから、救いを求め「極楽浄土」への道を求める人々の想念は、現代の「しあわせ」を求める気持ちと通じるものがあると推察できる。この時代の「しあわせ」という言葉の使用についても文献を見つけることができなかったが、思うようにならない世の中に対して、天にある仏に一切を委ねるだけで

なく、人が執着と我欲を手放すことで、不条理から自由になるという禅宗の教えは、己が天と居合せるという考え方に通じるものである。

親鸞聖人の言葉による『歎異抄』では、人間を「煩悩具足の凡夫」つまり、煩悩そのものであるとされる。ゆえに、煩悩があるがままで「しあわせ」になることを「煩悩即菩提」という。煩悩という問題や困難を無くさなければしあわせは来ないのではく、困難、苦難と感じられる煩悩をもあるままに受け、そこに「しあわせ」を見ることが、菩提である。苦しみが大きかった者ほど、阿弥陀如来の本願によって喜びが大きなしあわせを得るという「煩悩即菩提」の概念は、「しあわせ」という言葉を理解するための重要な視座となる。

6．江戸時代　1603年－1868年

江戸幕府は、キリスト教と舶来船を禁じた鎖国政策をとった。当時の人々は、みな貧しい暮らしではあったが、必要以上に働く必要がなく、身の丈を知ったつつましい暮らしを送っていた。しかし、幕末と呼ばれる革命の時期（1853年－1868年）を経て、西洋文化をまねて価値観を大きく転換させてゆく。

田中[15]は、江戸時代の文学や文章には「しあわせ」という言葉がほとんど出てこないが、江戸時代の高度成長時代を描写している井原西鶴は「仕合わせ」を多く書き残していると語る。それらは、例えば、罪を犯して捉えられる「しあわせ」、つまり「こんなふうになってしまった」「運命」「なりゆき」であったり、夫婦関係の「組み合わせがいい」ことであったり、鯨を取る収穫量が多い男の「仕合わせ」であったり、嵐に遭ってしまって「運が悪い」ということでもある。つまり、「仕合わせ」とは、「運命」「なりゆき」という意味で使われていた[16]。江戸時代中期以降、1800年代までは貨幣経済が浸透していく時代でもあった。その時代のいわゆる漫画である庶民の読み物に描かれる「仕合わせ」とは、「泡のように降ってきて、湧いては消えていくもの」で、意味のないものであり、「仕合わせ」を求める行為が、からかいの対象になっている[17]。大金を手にしたり、「浮き世のたのしみ」の恋愛をしたりすることは、一時的なことだと捉え、そのような「仕合わせ」には価値を置いていなかったという。

江戸時代の価値観では「地道に仕事をして、貯めた家産を次の代に渡すこと」が大事であり、一時的なもの、一代限りのものである「仕合わせ」は社会的価値観に反するものであった[18]。またこの時代の結婚制度では、夫婦別姓で、財産も夫婦別であったため、家族が経営体としてともに働くことが現実的であり、お金を使って女で遊んだり、投機やもうけにつぎ込んだりすることは「仕合わせ」、つまり非日常の行為と

考えられていた[19)]。「お金にかかわるものが『仕合わせ』であって、土地・家屋・家産・技術・知識・人間関係は子孫のために継承されてゆくもの」「コミュニティのなかで信頼関係も、地道に得るもの」[20)]として、これらに重きを置いて、江戸時代の人々は生きていたという。「仕合わせ」は「たのしみ」でもあり、一時的でその場かぎりのものであり、地道に収入を得る生活にはなくてもいいものであった。「仕合わせ」は人間が目指すものではなく偶然巡り会うもの、自分ではコントロールできないからこそ受け入れていくものである、と田中[21)]は語る。

この時代には、まだ「しあわせ」と「さいわい」は異なる意味を持つ言葉であった。

7. 明治、大正、昭和時代　1868－1989年

明治時代（1868年－1912年）は、薩摩、長州、土佐、肥前の４つの藩からなる独裁政権がとられ、富国強兵を掲げて、西欧化、近代化、工業化が急激に進められた。国民の暮らしは戸籍制度や課税、徴兵制度によって管理され、江戸時代までの農耕、手工業の暮らしは失われていった。そして、大正時代（1912年－1926年）から、昭和時代（1926年－1989年）の初期までは戦争が続き、庶民の多くは家族や財産、家屋敷を失った。敗戦でアメリカのGHQ/SCAP占領下となった1945年－1952年から、また新しい価値観と暮らし方が提示され、経済の高度成長期を経験する。その後少子高齢者社会を迎え、浮かれていたバブル経済は崩壊となり、戦後の第１次ベビーブーマーの子どもたちが成人を迎えたころには、さらに金融機関の危機的な状況となっている。そのような時代には「しあわせ」という言葉はどのように使われていたのだろうか。

古来の日本語である和語には「幸福」という言葉も概念もなかったが、明治初期に英語の happy, happiness の翻訳語として入ってきたところから、それが広がったと想定される[22)]。さらに、アメリカ独立宣言にうたわれた“Their right to life, liberty, and the pursuit of happiness”が戦後の日本国憲法第13条に「生命、自由及び幸福追求に対する国民の権利」として明記されたことで、人々のあいだに浸透していった、と新谷[23)]は推定している。

宮沢賢治（1896年～1933年）は、教員を辞めて開いた私塾「羅須地人協会」で、農民に「農民芸術」を教えた。そこで「世界がぜんたい幸福にならないうちは個人の幸福はあり得ない」[24)]と語っている。農業学校を卒業後、東京で出版社に勤務しながら、妹の死をきっかけに帰郷して教師になり、さらに農民であり詩人、作家としての生き方を選択した賢治は、浄土真宗の家に生まれながら学生時代にはキリスト教を学び、後に法華経に改宗したが、さまざまな宗教に親しんでいた[25)]。その死生観を表しているとされる童話『銀河鉄道の夜』では、列車の中で主人公が交わす会話に、何度

も「さいわい」「幸せ」という言葉が使われ、「誰だって、ほんとうにいいことをしたらいちばん幸せなんだねぇ。」と語っている。裕福な家庭に生まれながら、経済優先の価値を嫌い、貧しい農民の労働と創造に喜びを感じた賢治は、当時の世間からは「変人」と見られたが、彼の考える「幸せ」は自らの利益を追い求めることではなく、自然からの恵みに感謝しつつ、自らを犠牲にしても他者のため、社会のためを考えて日々の暮らしを送ることであったと読み取れる。

民俗学の昭和初期の調査によれば、「仕合わせとは、『財産・勤勉・長命・円満』のことであり、それらが世代をつないで維持され継承されることであった」[26]と報告されている。昭和初期の狩猟・漁協では、「さち・さつ」という言葉が「自然の恵みを獲得する威力」といえる「幸」であり、それを体内化していく生命力」として使われていたという[27]。柳田圀男による主導で1934年から1937年に実施された「山村生活調査」は、できるだけ交通の不便な山村52箇所が選ばれて調査され、大間知篤三によってまとめられた第100項目目の冒頭では、仕合わせよりも不幸なできごとばかりだと記されている。幕末維新期までの山村の極貧生活において、「衣食住の豊かさと身体と精神の豊かさ」[28]が仕合わせであった。

戦前戦後の「生活の貧窮と困窮の時代」にあって、幸福追求権の目的には衣食住の最低限の確保が含まれていたところが、高度経済成長を経験した日本社会の生活と価値は激変し、「幸福」「しあわせ」を表す言葉が、男女の恋愛や性愛に変化していった[29]。「ハレとケの循環の中に幸福（しあわせ）が再生産されている構造、これこそが幸福（しあわせ）の実在である」[30]と新谷は論じている。

外国から仏教が伝承された時代から、江戸、明治、大正、昭和と時代をたどって「しあわせ」という言葉の持つ意味を考えてみると、本来は、人間の力の範囲を超えたものと自分自身の関係について、それが良いものであっても、悪いものであっても「しあわせ」と捉えていたことがわかる。日常生活では、そのような「仕合わせ」は基本的には必要がないものであるため、一時的に大金を手にしたり、ごちそうを腹一杯食べたり、美しい女性と恋に落ちたり、性愛関係を持ったりするような事柄は、「ハレ」の日のできごとで、思いがけなくやってきて、泡のように消えてゆくものだと考えられていた。

そのような特別のことが、戦後の高度経済成長を契機に、日常生活に入り込んできた状況が、現在の日本社会だと理解できる。とすれば、天から与えられた運命を受け入れて、地道に淡々と日常生活を送る「ケ」の暮らしだけでは物足りなく感じ、もっとおいしい食べ物を、もっと美しい衣類を、もっと男女の楽しみをと、際限なく欲し続けて、泡を消費し続け、地に足がついていないように感じられるのも納得できる。

ハレとケが循環して「しあわせ」が順調に再生産されていれば、地面をゆっくりと進む地味なケの日常生活の中に、時折、空に舞い上がるようなハレがあることで、人は大きな不満や不幸を感じずに生きることができるだろう。

明治、大正、昭和の初期には、障害児者を「福子（ふくこ、ふくご）」「宝子（たからご）」「福助《ふくすけ》」「フクムシ」などと呼んで、一家に福や宝を呼び込む存在として、大切にするという価値もあった[31) 32)]。「普通」の人と同じことができないかわりに、神や仏、天の意向を理解できる存在として、人間にはわからないものごとを、畏敬の念も込めて受け入れていたのである。さらに言えば、宝《たから》は「田から」「多から」もたらされるものであり、「カミ」に近い存在である「ばかもの」が宝をもたらすという考え方が東北地方では「たくらた、てくらた」つまり「宝田」として信じられていたという[33)]。

しかし、ハレを求めすぎてはじけ飛んだバブル経済後、借金を重ねながら、さらに物質的な豊かさを売り続けようとしている経済至上主義の日本の社会では、経済効率だけを考えると、貨幣価値と規格にあわせにくいために、「障害者は不幸」「障害者は社会のお荷物」という思考が生まれると考えられる。

急激に経済発展を遂げて、古来の価値観を手放してきた現在の日本社会において、ハレの意味の「幸福（しあわせ）」を享受している人は多くないと考えられる。本来の「仕合わせ」が持つ、一時的で刹那的な「たのしみ」としての「仕合わせ」が泡のように飛び交っているが、「さち・さつ」としての「さいわい」を本質的に感じられる機会は少ない。

8．平成・令和　物質的価値からはなれる「しあわせ」 1989年－現在

平成の時代（1989年－2019年）は、1986年から1990年頃の株価や地価など資産価格の急激な上昇とそれに伴う好景気と崩壊は、泡がふくらんでしぼむ様子になぞらえて、「バブル経済」とよばれるところから始まり、2008年にはアメリカのリーマンショックの影響を受けて経済の低迷期となった。さらに2011年には未曾有の東日本大震災を経験して、令和に入った翌年2020年には世界的な感染症パンデミックと社会の分断を経験している。日本人がなにを「しあわせ」と捉えるのか、価値の転換を突きつけられることとなった。戦争と高度経済成長の後に、経済の低迷と大震災、感染症への恐れを経験し、「しあわせ」の概念も問われている。

日本では、敗戦後に物質的な価値と「しあわせ」を結びつけてきた価値観が、昭和から、平成を経て令和となった時代の変化に伴って、古来の価値観へと戻りつつあると考えられる。

戦後から現在の日本の「社会意識」について、菊地[34)]は、「自己責任論」「平等・公

平」「強い個」といった切り口で、労働、家族、アメリカにかかわるものをつなぐ「豊かな暮らし」という観念を論じている。経済の発展こそが豊かさであり、それが「しあわせ」と同義であるかのように伝えられ、多くの人がそれを受け入れてきた。一方で「誰もが豊かな暮らしを享受する権利を持つ」というタテマエと「誰もがそれを享受するわけではない」というリアリズムから、「不遇な自己」「受け入れられない自己」という不幸が立ち現れる。「幸せは空の上に、幸せは雲の上に」と坂本九[35] が歌ったように、手の届かない彼方にあるものを追い求める戦後の日本の「社会意識」を象徴するのが「しあわせ」という言葉である。

さらに、2011年３月11日の東日本大震災を経験して、日本人がなにを「しあわせ」と捉えるのか、価値の転換を突きつけられた。安全で便利な科学神話が、もろくも崩れたのは、天災ではなく人災によって奪われた「日常の暮らし」である。金品の多さが人の暮らしの豊かさを表すとは言い切れない時代であることに、多くの人が気付き始めている。2013年３月に河北新聞が被災者の思いを特集した記事では「普通の生活を早く」「自由に遊ばせたい」「一日一日を大切に」という言葉が見出しにあげられている[36]。また、今ここにある暮らしの大切さがインターネットの交流サイト上などで語られるのを目にする機会が増えた[2]。

これまでテレビや新聞などの大手メディアから与えられる情報によって、価値観が構築されやすい状況であった。しかし、情報技術の急激な進歩と普及によって、個人から気軽に情報を発信できるようになり、多様な価値の選択が可能になってきた。2021年の総務省の調査によると日本の世帯の96.8%がスマートフォンやタブレット機器などのモバイル機器を保有しており、83.4%が個人でインターネットを使用していると報告されている[37]。10代から50代は90%以上の使用率である。個人が情報の発信・受信を選択できることで、価値観の多様性が目に見えるようになりつつある。

９．まとめ「仕合わせ」は「なりゆき」

臨済宗の僧侶である玄侑[38] によれば、「しあわせ」という言葉は奈良時代に「為（する）」という言葉から起こり、私の行為は「天の思惑次第」であり、「運命」と同義であった。儒教では、人は他者との関係を重んじ、個人ではなく共同体として幸福を求めることが大切にされてきた。さらに、道教の陰陽哲学においては、常に物事は

2. 「しあわせはこべるように」と郷土愛の再生を歌に託す人いる。碓井真史（2018）「3.11と『傷ついたふるさと』：心の復興と郷土愛の心理学」https://news.yahoo.co.jp/byline/usuimafumi/20180311-00082582　最終閲覧日2021年12月28日

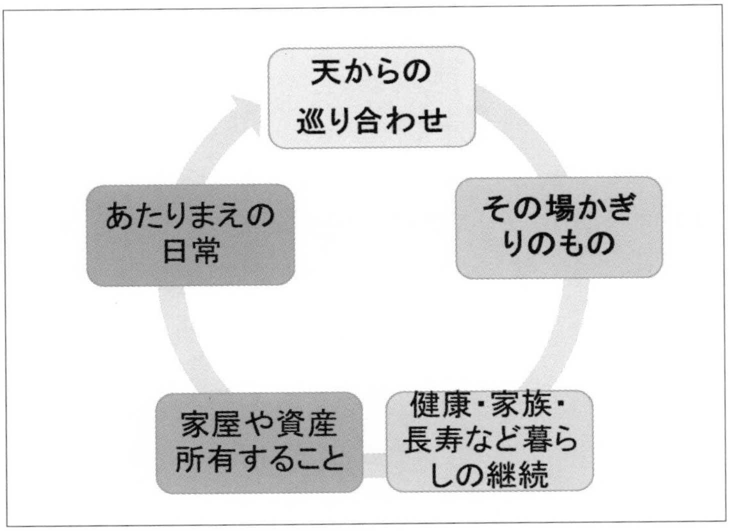

図1　「しあわせ」概念の変遷（2020年著者作成）

対極のバランスを保つと考えられていることから、不幸と幸福は表裏一体の概念と理解されている。これらの考え方は現在も、日本人の価値に大いに影響を与えている。

田中[39]は、江戸時代に井原西鶴が描写する「仕合わせ」を、例えば、罪を犯して捉えられる「しあわせ」、つまり「こんなふうになってしまった」「運命」「なりゆき」であったと述べている。夫婦関係の「組み合わせがいい」ことであったり、鯨を取る収穫量が多い男の「仕合わせ」であったり、嵐に遭ってしまって「運が悪い」ということでもある。このような意味が変化したのは、明治時代に西欧から英語のhappinessという概念が入ってきたことがきっかけであった[40]。民俗学の見地からも、庶民の本来の「しあわせ」は、家族との日々に暮らしや健康を守ることであったが、物質的な豊かさを意味するようになったのは、ほんの100年のことである。

2011年の東日本大震災を経験し、2020年には世界規模で感染症を恐れて他者との関りを控える時代となり、日本人がなにを「しあわせ」と捉えるのか、価値の転換を突きつけられることとなった。戦争と高度経済成長の時代には金品の多さが、人の暮らしの豊かさを表すものであったかもしれない。しかし、それが現代にも同様であるとは言い切れない社会状況となりつつあり、「しあわせ」の概念は問われている。

大きな権力や財力が価値を持つのではなく、個々人が日常の暮らしを、自分らしく好きなものを選んで整えることに価値がある、あるいは、他者との比較や競争で優劣や順位が付くのではなく、自分の得意なことや関心のあることに心置きなく打ち込めることに意義がある、そのような概念を「しあわせ」と呼ぶことがあたりまえになるかもしれない。

10. おわりに

2016年に「障害者は不幸しか生み出さない」という理由で、施設入居者を19名も殺めた事件は、日本社会の闇を浮かび上がらせた[41)]。ここで改めて「障害者は不幸なのか」という問いに向き合いたい。例えば、交通事故での逸失利益の判断では、障害を持つ人への補償が少なく見積もられることが一般的である[3]。2019年３月22日に判決が出た裁判では、施設から行方不明になって亡くなった15歳の少年の逸失利益を施設側が０と主張したことから、両親が提訴することになったが、結果的に賠償金を施設側が支払うことになった。しかしながら、障害者雇用の労働を想定した金額は、健常の同年代の男性の金額より大幅に少ないものである[42)]。

日本社会において、このように経済的な利益や貨幣価値で命を判断するような考え方が、当然のように受け入れられていることは疑問である。人に一定の基準を満たすことを求める価値は、人の生命の価値をあたかも「正確に計算され、きれいに整えられて製造される機械製品」と同列にしているように感じられる。このような貨幣価値では、人の生きる意味やしあわせをはかったり表したりすることは困難である。

日本社会で共有されている価値観の背景には、儒教、神道と仏教などの多様な宗教の教えが存在する。本来、慈悲の心で分別せずに人をしあわせにするはずの仏教のうちにも、「因果応報」「前世の業」という観念が広められ、大衆の思想や行動に影響を与えてきたことも見逃せない[43)]。宗教は優生思想を超えた「別のまなざし」を提示する役割を持つことを安藤[44)]は提言している。

今日、日本社会がぼんやりと抱えている「しあわせ」という言葉が指す意味を問い直すことは、福祉の目的である「人がより良く生きること」を語る上で重要な意義を持つ。「しあわせ」は天からの巡りあわせで、それを個々の人がどのように受けとめるのかによって、価値判断が変化するものと捉えることができる。それによって、福祉的な支援においても、事業者側の一方的な価値判断で、サービス利用者を切り捨てたり、枠にはめたりすることがなくなり、個別の多様な「しあわせ」が利用者の主体的な選択によって提供されるようになることを期待したい。

---

3. 2009年12月４日、札幌地裁で重度自閉症の17歳児について初めて逸失利益を認める「和解」がなされ、同年12月24日には青森地裁で重度知的障害のある16歳児について就労の蓋然性を認め、最低賃金を基礎収入とする逸失利益を認める「判決」出た。また、2012年３月30日には名古屋地裁で最重度とされる知的障害のある15歳児について、障害年金を基礎収入とする逸失利益を認める和解が成立した。

【参考文献】

原典仏教福祉編集委員会（1995）『原典仏教福祉』北辰堂

吉田久一・岡田英己子（2000）『社会福祉思想史入門』勁草書房

「山陰亭」http://michiza.net/　最終閲覧日2021年11月18日

【引用文献】

1）日本仏教社会福祉学会　編（2006）「仏教社会福祉辞典」法蔵感　256－258頁

2）日本佛教社会福祉学会発起人一同（1969）「日本佛教社会福祉学会年報」日本佛教社会福祉学会　35頁

3）西村和男、八木匡（2018）「幸福感と自己決定―日本における実証研究」RIETI Discussion Paper Series 18-J-026　独立行政法人経済産業研究所　1－31頁

4）玄侑宗久（2010）『しあわせる力　禅的幸福論』角川SSC新書　19頁

5）同上書　19頁

6）同上書　19頁

7）同上書　111頁

8）同上書　182頁

9）Doh Chull Shin（2017）「人々は自分たちの生活の質をどのようにとらえ評価しているのか―幸福の研究における最近の進展」『QOLと現代社会「生活の質」を高める条件を学際的に研究する』明石書店　9－44頁

10）中西進（2008）『ひらがなで読めばわかる日本語』新潮文庫　36－38頁

11）同上書　36頁

12）同上書　37頁

13）後藤昭雄著、川口久雄校注（1966）『日本古典文学大系72　菅家文草・菅家後集』・岩波書店　11巻　641頁

14）日蓮宗日体寺一言法話「知《ち》恩《おん》報《ほう》恩《おん》の巻」http://www.nittaiji.com/sermon/2014/01.html 最終閲覧日2021年11月18日

15）田中優子（2006）「江戸時代に見る仕合わせの基準」社会・経済システム学会基調講演機関誌『社会・経済システム学会』第27号　1－13頁

16）同上書　3頁

17）同上書　5頁

18）同上書　8頁

19）同上書　9頁

20）同上書　9頁

21）同上書　10頁

22）菊地史彦（2013）「幸せ」の戦後史　トランスビュー　123頁

23）新谷尚紀（2014）「しあわせとは何か　―日本民俗学（伝承分析学）―」『宗教研究』88巻　第２巻輯　123頁

24）宮沢賢治『農民芸術概論綱要』青空書院　https://aozorashoin.com/title/2386　最終閲覧日2021年12月29日

25）花巻市ホームページ「宮沢賢治について」https://www.city.hanamaki.iwate.jp/miyazawakenji/about_kenji/index.html　2021年７月30日最終閲覧

26）前掲書23）　105頁

27）前掲書23）　121頁

28）前掲書23）　122頁

29）前掲書23）　124頁

30）前掲書23）　126頁

31）大野智也・芝正夫（1983）『福子の伝承　民俗学と地域福祉の接点から』堺屋図書　１頁

32）丘修三（1997）『仙台四郎の物語　福の神になった少年』佼成出版社　６頁、268頁

33）佐野賢治（2016）『宝は田から“しあわせ”の農村民俗誌　山形県米沢』春風社　84－85頁

34）菊地史彦（2013）「幸せ」の戦後史　トランスビュー　19頁、119頁、198頁、343頁

35）永六輔 作詞、中村八大 作曲（1961）『上を向けて歩こう』

36）河北新聞「東日本大震災２年　被災者の思い」2013年３月12日付　15頁

37）総務省統計局（2021年６月）『令和２年通信利用動向調査の結果』https://www.stat.go.jp/library/faq/faq11/faq11a03.html　最終閲覧日2021年12月29日

38）前掲書4）　19頁

39）前掲書15）　１－13頁

40）前掲書20）　123頁

41）村井龍治（2019）52回大会シンポジウム【社会福祉法以後の課題と仏教社会福祉】「個人の尊厳」はどの生かされたか～津久井やまゆり園事件がなげかけるもの～日本仏教社会福祉学会年報第49号　46－54頁

42）知的障害者の逸失利益認める　東京地裁判決　現状考慮し「控えめに認定」毎日新聞2019年３月22日

43）安藤泰至（2018）優生思想と「別のまなざし」―宗教・いのち・障害と共に生きること―宗教と社会貢献Religion and Social Contribution 2018. 04, Volume 8, Issue 1　３－23頁.

44）同上書　３－23頁

（2021年８月６日　受理）

The Conceptual Changes of "Happiness" in Japanese

MAEHIRO Miho (Ryukoku University)

Abstract

Values change with the times. This article examines the evolution of the concept of "happiness", which is synonymous with "welfare", from the Nara period to the present. From "conforming to the wishes of heaven", to "physical abundance", the word "happiness" has come to mean "the ability to lead a normal daily life despite circumstances beyond one's control".

In Buddhism, even if the way of taking refuge in the Buddha differs from one sect to another, the attitude of accepting hardship and seeking peace in life is the same as looking within oneself and trying to connect with society and the greater being. Happiness is the state of being able to face life in a proactive way and to accept, in a natural way, the divine order of "given a disability".

This concept is also in line with the core of the ethics of social welfare, "respect for the dignity of the individual", which is the idea that "the independent choices and decisions of the client are the best and most important value for him/her".

Key word :
Happiness, Welfare, Disability, Acceptance

〔調査報告〕

海外にて実施する質問紙調査における改善点の検討
― タイの仏教寺院に対する社会調査を事例として ―

淑徳大学アジア国際社会福祉研究所　安藤　徳明

要旨

本稿では、海外での社会調査の記録を研究の蓄積として残すとともに、今後の調査に向けてより良い質問紙を作成するための示唆を得ることを目的として、タイのチェンマイ県にて実施した仏教寺院に関する社会調査の質問紙の作成過程及び回答の一部について振り返った。その結果は、次のとおり要約される。(1) 質問紙の構成の分かりやすさと無記入の回答数は、トレードオフの関係にある。(2) 可能な限り生じる可能性があるバイアスを事前に認識し、予備調査等でその影響の大きさを計測しておく。(3) 質問紙の回答者は、質問項目だけでなく、調査主体等にも影響を受けるため、質問紙に記載されている一言一句に配慮する必要がある。(4) 海外で実施する社会調査には、予期せぬ障害が付き物である。

キーワード：

質問紙、郵送調査、予備調査、寺院、タイ

Ⅰ．はじめに

質問紙[1)]を用いた調査は、社会調査において広く行われる手法の一つである。特に、調査対象者に質問紙を郵送し、回答を記入してもらったものを返送してもらう郵送調査法は、地理的に広い範囲に分散している多数の人々を対象とした調査を低コストで行うことができるため、近年最もよく利用されている調査法である（小林 2010：73–74)。その一方で、郵送調査法による質問紙調査には、回収率が非常に低いという欠点がある[2)]。例えば、盛山（2004：68）では、回収率は、通常20％くらいであるとし、督促の依頼を発送したり回答者に後日謝礼品を送付することを明記したりする等、様々な努力をした上でも、40～50％の回収率が得られればいい方だとする。

その点において、回収することができた質問紙の回答における無記入を減らすための努力は、分析に耐え得る回答数を確保するという観点から重要である。松田（2008）によると、質問内容が難しいことや分岐する質問が分かりづらいこと等が無記入の回答を招くとし、質問紙の構成やデザインにおける工夫の必要性を示唆している。

また、海外における社会調査に関して、山口（2003）が米国と日本における意識の違いについて指摘するように、調査対象者の調査に対する受容態度は、文化的な背景にも影響される。一般的に、開発途上国や中進国での質問紙調査の回収率は、先進国でのそれと比較して低くなる傾向にあると考えられる。清川（2002）は、インドでの社会調査の記録を示し、外国人が開発途上国で社会調査を行う際に直面する困難について詳細に記述することで、貴重な「共有財産（情報）」を提供している。

以上の点から、質問紙の構成やデザインを工夫することにより無記入の回答を減らすこと、文化的な背景その他のバイアスを可能な限り事前に認識しておくことは、海外において質問紙調査を実施するに当たっては、特に重要な事項である。

したがって、本稿では、筆者がタイのチェンマイ県にて実施した仏教寺院（以下「寺院」という。）を対象とする質問紙調査について、質問紙の作成過程及び回答の一部について振り返ることで、未だに蓄積の少ない海外[3)]での社会調査の記録を「共有財産」として示すとともに、今後の調査に向けてより良い質問紙を作成するための示唆を得ることを目的とする。

Ⅱ．質問紙の作成過程

1．調査の概要

質問紙の作成過程について確認する前に、当該質問紙を用いて実施した調査の概要について簡単に説明する。調査の詳細及び結果については、拙著論文を参照されたい[4)]。

（1）調査の目的

調査の目的は、仏教ソーシャルワークの概念及び定義を検討する上での基礎的研究として、タイの寺院が行う社会福祉的な活動について、その実態を包括的かつ定量的に明らかにすることである。

（2）調査主体及び調査協力者（カウンターパート）

調査主体及び調査協力者は、以下のとおりである。

ア　調査主体：松薗祐子教授（淑徳大学）、安藤徳明（筆者）

イ　調査協力者：Ms. Sopa Onopas（タイソーシャルワーク専門職協会）、
Phramaha Surakrai Congboonwasana（マハーマクット仏教大学）

（3）調査の対象

調査の対象は、タイのチェンマイ県に位置する全ての寺院である。なお、チェンマイ県の寺院は、調査の実施時点で1,337ヶ寺であった[5)]。

（4）調査の方法

調査の方法は、郵送調査法による質問紙調査である。

寺院の住所が印刷されたラベルを貼付した封筒（写真１）に、質問紙及び切手貼付済みの返信用封筒を封入した。質問紙は、Ａ４判で８ページである。ただし、１ページ目は、挨拶及び調査協力のお願いが記載されている。

なお、質問紙の作成及び分析は、筆者を中心に行い、質問紙の郵送及び回収は、調査協力者が行った。

（5）調査の実施期間

調査の実施期間は、2017年１月20日から2017年２月20日までである。

（6）回収率

質問紙の回収率は、17.4％（232ヶ寺から返送があった。）である。

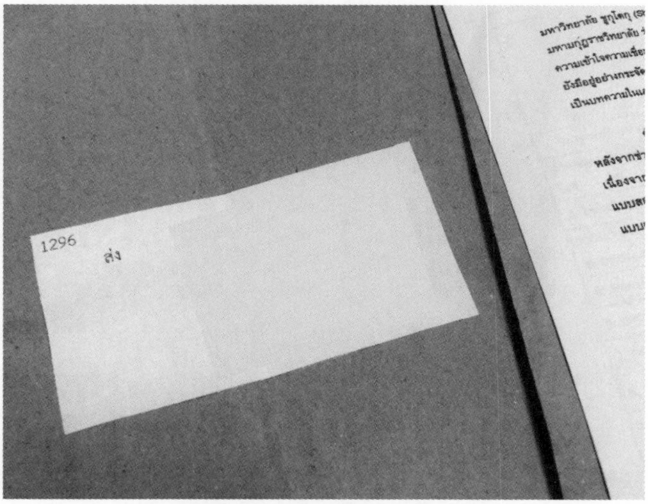

写真１　調査に用いた封筒

２．質問紙の作成手順

次に、調査に用いた質問紙の作成手順について述べる。そもそも、当該調査の目的――タイの寺院が行う社会福祉的な活動の実態を明らかにすること――は、先行研究における蓄積が十分とは言えない一般的な寺院の活動に焦点を当てることを意味する。なぜなら、これまでの研究の多くは、広く尊敬を集める僧侶が始め、継続的に社会貢献的活動を行っている寺院の事例を紹介するものが中心であり、いわゆる good practice と言えるものである[6]。しかしながら、タイにおける寺院の大部分は、“そうではない”。そのため、当該調査の質問紙は、そうした一般的な寺院の活動を明らかにすることを念頭に基本設計がされている。

参考までに、巻末に付録として日本語の質問紙の全文を収録する。なお、実際の調査においてはタイ語の質問紙を使用している。

（1）質問項目の検討

調査の中心となる質問項目は、寺院の様々な社会的活動を「社会福祉的活動」「教育的活動」「宗教的活動」と大きく分類し、その細目の活動状況について問う「寺院の活動内容に関する質問項目」である。また、併せて質問する項目として「寺院の基本情報に関する質問項目」、「寺院の来訪者に関する質問項目」及び「質問紙の回答者に関する質問項目」を作成した。

「寺院の活動内容に関する質問項目」の詳細については、次節にて確認する。

（2）日本語の質問紙を作成

質問項目が概ね決定した後、日本語で質問紙の素案を作成した。質問紙の構成は、この時点では複数の案が存在するが、いずれも、質問内容の重要度、調査対象者の関心度を念頭に置き、回答が容易なものから始めて、次第に複雑、困難なものへと配列することに留意した（林 2006：268）。

（3）日本語の質問紙を英語に翻訳

日本語の質問紙の素案を英語に翻訳した。この後、調査協力者が英語の質問紙をタイ語に翻訳する際に可能な限り齟齬が生じないように、仏教の専門用語等については、必要に応じて、解説のコメントを入れた。

（4）英語の質問紙をタイ語に翻訳

英語の質問紙を調査協力者に送付し、調査協力者がそれをタイ語に翻訳した。

（5）調査協力者と質問項目の意図及び語句の意味について確認

調査協力者と面会し、翻訳上の齟齬が生じないよう質問項目の意図及び語句の意味を一つずつ丁寧に確認した。調査協力者（２名ともタイ人）と調査主体とは英語でのコミュニケーションが可能であるが、互いが英語を母語としていないため、念のため通訳にも同席してもらい、確認を進めた。

確認の結果に基づき、質問紙の修正を行った。

（6）有識者の意見聴取

バンコク近郊の寺院２ヶ寺を訪問し、実際に僧侶に質問紙の回答をしてもらうとともに、質問紙に対する意見を聴取した。

質問紙の回答結果及び聴取した僧侶の意見に基づき、質問紙の修正を行った。

（7）予備調査の実施

バンコク近郊の寺院10ヶ寺（前述の２ヶ寺とは異なる寺院）に対して、本調査と同様の形式（郵送調査法）で予備調査を実施した。構成が異なる２種類の質問紙にて調査を行い、無記入の回答の差等を確認した。予備調査の詳細は、後述する。

予備調査の結果に基づき、質問紙の構成を決定し、質問項目や文言等について最終的な修正を行った。

（8）質問紙の印刷

完成した質問紙を調査協力者が印刷した。

3．寺院の活動内容に関する質問項目の作成手順

続いて、実際に調査に用いた質問紙の一部を示しながら、中心的な質問項目である「寺院の活動内容に関する質問項目」を作成した手順について詳述する。

寺院の様々な社会的活動を「社会福祉的活動」「教育的活動」「宗教的活動」と分類したことは既に述べたが、ここでは、そのうちの「社会福祉的活動」を例に挙げ説明する（図１）。「社会福祉的活動」の細目の活動に当たるのが、左端の列に記載されている「麻薬中毒者に対するケア」、「HIV/AIDS 罹患者に対するケア」、「物品日用品の貸し出し」等である。これらの細目の活動は、先行研究を渉猟し、タイの僧侶や研究者と検討することにより項目を作成した。調査では、①これらの細目の活動を行っているか否か、②行っている場合はどの程度力を入れて行っているかを明らかにする必要がある。そのため、回答形式は、活動の程度を問う５段階のリッカート・スケールに「活動を行っていない」という０段階の評定段階を加え、６つの選択肢を用意することとした[7]。

次に、あなたの寺院の活動についてお聞かせください。

Q10. あなたの寺院では、以下の 1.～15.に掲げるような社会福祉的な活動をどの程度力を入れて行っていますか。それぞれについて 1～6 のうち、最も近いものを１つだけ選んで〇をつけて下さい。

	活動を行っていない	行ってはいるが全く力はいれていない	行ってはいるがそんなに力はいれていない	どちらともなく行っている	まあ力を入れて行っている	非常に力を入れて行っている
1. 麻薬中毒者に対するケア	1	2	3	4	5	6
2. HIV/AIDS 罹患者に対するケア	1	2	3	4	5	6
3. 物品日用品の貸し出し	1	2	3	4	5	6
・	・	・	・	・	・	・
・	・	・	・	・	・	・
・	・	・	・	・	・	・

図１　寺院の活動内容に関する質問項目（社会福祉的活動）

４．予備調査の実施

予備調査は、前述のとおり、バンコク近郊の寺院10ヶ寺に対して実施した。質問項目の順序や質問の聞き方等の構成が異なる質問紙を２種類用意し（質問紙Ａ及び質問紙Ｂとする。）、それぞれ５ヶ寺に郵送した。

例えば、寺院の「社会福祉的活動」に関する質問項目は、質問紙Ａが図２で、質問紙Ｂが図３である。質問紙Ａは、①細目の活動を行っているか否か、②行っている場合はどの程度力を入れて行っているかの質問が２段階に分かれている。一方で、質問紙Ｂは、２つの質問に対して１度で回答してもらう形になっている。シンプルで分かりやすいが、６つの選択肢の内訳が、「活動を行っていない」が１つに対し、程度の差はあるが「活動を行っている」が５つであるため、「活動を行っている」に丸を付けやすいバイアスが働くと考えられる。

また、予備調査の前段階で使用しないこととなったが、当初は、質問紙Ｃという案も存在した（図４）。質問紙Ｃは、調査の目的を達成するのには最も適した質問紙

次に、あなたの寺院の活動についてお聞かせください。

Q11. 社会福祉に関する項目について、以下の 1.～14.の活動を、①あなたの寺院が行っているかどうかお聞かせください。また、活動を行っている場合は（①で 1.はいと答えた場合は）、②どの程度力を入れて行っているか、次の（1）～（5）の５段階の中から、最も近いものを１つだけ選んで、右端の回答欄に数字を記入してください。

（5）非常に力を入れて行っている
（4）まあ力を入れて行っている
（3）どちらともなく行っている
（2）行ってはいるがそんなに力はいれていない
（1）行ってはいるが全く力はいれていない

例）麻薬中毒者に対するケアを行っており、その活動に非常に力を入れている場合。

活　動	① 活動を行っていますか	② 1.はい の場合
1. 麻薬中毒者に対するケア	1. はい　　2. いいえ	(5)

以下の表にあなたの寺院の回答を記入してください。

活　動	① 活動を行っていますか	② 1.はい の場合
1. 麻薬中毒者に対するケア	1. はい　　2. いいえ	
2. HIV/AIDS 罹患者に対するケア	1. はい　　2. いいえ	
3. 物品日用品の貸し出し	1. はい　　2. いいえ	
・ ・ ・	・ ・ ・	

図２　質問紙Ａ

次に、あなたの寺院の活動についてお聞かせください。

Q11. 社会福祉に関する項目について、以下の 1.〜14.の活動をどの程度行っているか、最も近いものを 1 つだけ選んでお聞かせください。

以下の表にあなたの寺院の回答を記入してください。

	活動を行っていない	行ってはいるが全く力はいれていない	行ってはいるがそんなに力はいれていない	どちらともなく行っている	まあ力を入れて行っている	非常に力を入れて行っている
1. 麻薬中毒者に対するケア	1	2	3	4	5	6
2. HIV/AIDS 罹患者に対するケア	1	2	3	4	5	6
3. 物品日用品の貸し出し	1	2	3	4	5	6
⋮	⋮	⋮	⋮	⋮	⋮	⋮

図３　質問紙Ｂ

次に、あなたの寺院の活動についてお聞かせください。

Q11. 社会福祉に関する項目について、以下の 1.〜14.の活動を、①あなたの寺院が行っているかどうかお聞かせください。また、活動を行っている場合は（①で 1.はいと答えた場合は）、②どの程度力を入れて行っているかを、1.〜14.の活動全体で 100%とした時にその活動が何%になるかを、全体を足して 100%となるように右端の回答欄に数字を記入してください。

例）麻薬中毒者に対するケアを行っており、その活動に力を全体のうち 40%の力を入れている場合。

活　動	① 活動を行っていますか	② 1.はい の場合
1. 麻薬中毒者に対するケア	1. はい　　2. いいえ	40　%

以下の表にあなたの寺院の回答を記入してください。

活　動	① 活動を行っていますか	② 1.はい の場合
1. 麻薬中毒者に対するケア	1. はい　　2. いいえ	%
2. HIV/AIDS 罹患者に対するケア	1. はい　　2. いいえ	%
3. 物品日用品の貸し出し	1. はい　　2. いいえ	%
⋮	⋮	⋮

図４　質問紙Ｃ

であったが、非常に複雑な構造になるため、無記入の回答が増えることを危惧して調査に使用することは断念した。

Ⅲ．今後の調査に向けた示唆

ここでは、質問紙の作成過程及び回答の一部を振り返ることで得られた今後の調査に向けた示唆を述べていく。

表１は、予備調査の結果を示したものである。質問紙Ａは、多くの無記入の回答が見られたが、質問紙Ｂは、無記入の回答がほとんどない。無記入率を考えても、質問紙Ａは分析する際のデータとして利用できる回答数を確保するのが困難であるため、この時点で質問紙Ｂを使用することが決定する。また、当初より危惧していた質問紙Ｂの「活動を行っている」に丸を付けやすいバイアスの存在であるが、各質問項目に対して、質問紙Ｂは質問紙Ａよりも「活動している」という回答が多くなっており、これは全ての個票データで同様の傾向が見られた。つまり、バイアスの存在が予備調査によって裏付けられたと考えられる。しかし、質問紙Ａと質問紙Ｂのいずれも「社会福祉的活動」、「教育的活動」については「活動していない」という回答の方が多く、「宗教的活動」については「活動している」という回答の方が多いという結果になっており、バイアスが全体の傾向を変えてしまうほどのものではないと言える。なお、質問紙Ａの「活動している」及び「活動していない」の記入数の合計が全体の記入数（設問数から無記入数を減じたもの）と一致しないのは、質問紙Ａは質問が２段階になっており、いずれかが無記入であるときは無記入数として取り扱ったためである。

予備調査の結果から言えることは、質問紙の構成の分かりやすさと無記入の回答数は、トレードオフの関係にあるということである。質問の聞き方をシンプルにし、質問紙の構成を分かりやすくすることは、無記入の回答を減らし、ひいては回収率の向上にも繋がるだろう。しかし、併せて留意すべきことは、作成した質問紙によって調査本来の目的が達成できるかどうかということである。予備調査を行う目的の一つは、その許容範囲の確認作業を行うために他ならない。

そして、事前に認識しているバイアスの影響の大きさを確認することも予備調査の重要な目的である。影響が大きいバイアスを放置したまま調査及び分析を進めることは、正しい結果を得ることができないだけでなく、貴重な機会を逸する行為でもある。

表1　予備調査の結果

質問項目	設問数	無記入数		無記入率（%）		「活動している」の記入数		「活動していない」の記入数	
		質問紙A	質問紙B	質問紙A	質問紙B	質問紙A	質問紙B	質問紙A	質問紙B
社会福祉的活動	70	34	0	48.6	0.0	7	31	36	39
教育的活動	55	37	0	67.3	0.0	17	24	18	31
宗教的活動	50	38	2	76.0	4.0	29	41	12	7

※設問数は質問紙A又は質問紙Bに回答した５ヶ寺分の合計

表２は、寺院の教派[8)]の内訳を示したものである。調査対象の寺院1,337ヶ寺のうち、マハーニカーイ派は1,293ヶ寺、タンマユット派は44ヶ寺である。それに対して、調査に回答した寺院232ヶ寺のうち、マハーニカーイ派は213ヶ寺、タンマユット派は19ヶ寺である。総数における回答した寺院の割合は、マハーニカーイ派が16.5％であるのに対して、タンマユット派が43.2％と非常に高くなっている。つまり、タンマユット派の寺院の回収率が高いという結果となった。これは、調査協力者が所属するマハーマクット仏教大学がタンマユット派に属しており、質問紙の１ページ目（挨拶及び調査協力のお願い）の下部に、マハーマクット仏教大学の名が調査主体として記載されているため、その影響を受けたことが理由であると考えられる。

林（2006：208）によると、人は、正当性が認められている権威や、それを代表していると知覚される人からの要請に応諾しやすいとされている。したがって、調査の結果は、相対的にタンマユット派の影響を受けている可能性がある。質問紙を作成する上では、回答者は、質問項目だけでなく、調査主体等にも影響を受けるということにも配慮する必要がある。

表２　寺院の教派の内訳

教派	調査対象寺院 (a)	回答した寺院 (b)	(b) ／ (a) *100
マハーニカーイ派	1,293	213	16.5
タンマユット派	44	19	43.2

最後に、仔細な点ではあるが、海外にて実施した調査であるがために起こった誤りについて述べる。図１を参照すると、中心的な質問項目である「寺院の活動内容に関

する質問項目」は、１から６までの選択肢から一つを選ぶ回答形式になっている。１以外の選択肢は、「活動を行っている」という選択肢であるため、質問紙のデザインとして、１と２の選択肢の間の罫線を実線にし、２から６までの選択肢の間の罫線を点線にすることで、罫線の濃淡に差を付けた。しかしながら、調査協力者が質問紙を印刷する際に筆者が送付した原稿がマイクロソフトのWord（ドキュメント）ファイルであったためか、又は、印刷機器や印刷用紙等の現地の印刷事情を考慮しなかったためか、実際のタイ語の質問紙は、罫線の濃淡に区別がなかった。

海外にて実施する社会調査には、予期せぬ障害が付き物である。罫線の濃淡に差を付けることが、どれだけ無記入の回答を減らし、回収率を向上させるかは、改めて検証が必要だが、少なくとも筆者が完全な印刷原稿を送付することで防ぐことができた誤りであった。

Ⅳ．おわりに

本稿では、海外での社会調査の記録を研究の蓄積として残すとともに、今後の調査に向けてより良い質問紙を作成するための示唆を得ることを目的として、筆者がタイのチェンマイ県にて実施した寺院に関する社会調査の質問紙の作成過程及び回答の一部について振り返った。

その結果、本稿を他山の石として活用できる程度にはまとめることができたと考えている。また、今後の調査に向けた示唆として本稿が得た結果は、次のとおり要約される。

(1) 質問紙の構成の分かりやすさと無記入の回答数は、トレードオフの関係にある。調査本来の目的を見失わないことを前提として、できるだけ分かりやすい構成の質問紙を作成することが、無記入の回答を減らす。

(2) 可能な限り生じる可能性があるバイアスを事前に認識し、予備調査等でその影響の大きさを計測しておく。バイアスについて無自覚でいることは、調査結果を分析する際の歪みになってしまう。

(3) 質問紙の回答者は、質問項目だけでなく、調査主体等にも影響を受けるため、質問紙に記載されている一言一句に配慮する必要がある。

(4) 海外にて実施する社会調査には、予期せぬ障害が付き物である。今回のケースで言えば、現地で調査協力者が質問紙の印刷を行った際に、若干ではあるがレイアウトが崩れてしまった箇所があった。それを防ぐためには、完全な印刷原稿としてデータを渡す等の工夫を行う必要があった。

質問紙調査の回収率を向上させる方法は、既に多くの先行研究があるが、本稿のような質問紙の作成過程を示し、そこから今後に向けた示唆を得る事例研究、ましてや海外での社会調査に関するものとなると、その数は絶対的に少ない。本稿が今後行われる多くの研究の一助となれば幸いである。

謝辞

本稿は、私立大学戦略的研究基盤形成支援事業「アジアのソーシャルワークにおける仏教の可能性に関する総合的研究」の助成による研究の一部であり、ここに記して感謝します。

注

1. 一連の質問と回答欄が整然と体系的に並べられた用紙を調査票（questionnaire）という。調査票の中でも、調査対象者が自分で質問を読んで回答を記入する自記式のものが質問紙（self-administered questionnaire、self-completion questionnaire）である（鈴木 2011: 1）。
2. 近年では、回収率を上げるための標準的な方法論も確立され、一定の条件を満たすことで、60～70％台の高い回収率を達成することが必ずしも不可能ではない。詳しくは、林（2010）、前田（2005）等を参照のこと。
3. タイを開発途上国として見るか中進国として見るかは議論の余地があるが、ここでは、先進国以外の国という意味で考えて差し支えない。
4. 安藤（2019）、Ando（2019a, 2019b）を参照のこと。
5. 国家仏教事務局のホームページ（http://www.onab.go.th/）を参照のこと。
6. 例えば、佐々木・櫻井（2013）等を参照のこと。
7. 実際の質問紙上では、混乱を避けるため、選択肢は、１から６までとしている。
8. 在来派のマハーニカーイ派と少数派のタンマユット派があり、2004年時点で、タイにおける寺院の約94％がマハーニカーイ派、約６％がタンマユット派である（日本タイ学会 2009: 240–241, 369）。

引用・参考文献

安藤徳明（2019）「タイの仏教寺院における社会福祉活動の実態に関する定量的検証――チェンマイ県の寺院に対する質問紙調査から」『龍谷大学アジア仏教文化研究センター2018年度研究報告書』127–145.

Ando, Noriaki（2019a）Social Welfare Activities in Thai Buddhist Temples: A Quantitative Survey in the Chiang Mai Province, Matsusono, Yuko ed. *Buddhist Social Work: Roots and Development of the Social Welfare System in Thailand,* Gakubunsha, 111–142.

Ando, Noriaki (2019b) Factors Influencing Thai Buddhist Temples' Social Welfare Activities, Matsusono, Yuko ed. *Buddhist Social Work: Roots and Development of the Social Welfare System in Thailand,* Gakubunsha, 143–161.

清川雪彦（2002）『記録：途上国における工場調査と非標本誤差の管理（1）——インドの事例から』Discussion paper series. A; No. a432,Institute of Economic Research Hitotsubashi University.

小林大祐（2010）「実査の方法——どのようなデータ収集法を選べば良いのか？」轟亮・杉野勇編『入門・社会調査法——２ステップで基礎から学ぶ』法律文化社，62–78.

佐々木香澄・櫻井義秀（2013）「タイ上座仏教寺院とHIV/エイズを生きる人々」櫻井義秀編『タイ上座仏教と社会的包摂——ソーシャル・キャピタルとしての宗教』明石書店，112–149.

鈴木淳子（2011）『質問紙デザインの技法』ナカニシヤ出版.

盛山和夫（2004）『社会調査法入門』有斐閣.

日本タイ学会編（2009）『タイ事典』株式会社めこん.

林英夫（2006）『郵送調査法（増補版）』関西大学出版部.

林英夫（2010）「郵送調査法の再評価と今後の課題」『行動計量学』37（2），127–145.

前田忠彦（2005）「郵送調査法の特徴に関する一研究——面接調査法との比較を中心として」『統計数理』53（1），57–81.

松田映二（2008）「郵送調査の効用と可能性」『行動計量学』35（1），17–45.

山口一男（2003）「米国より見た社会調査の困難」『社会学評論』53（4），552–565.

（2021年７月３日　受理）

Improvements in Questionnaire Surveys Conducted Overseas: A Case Study of a Social Survey of Buddhist Temples in Thailand

ANDO Noriaki (Shukutoku University)

Abstract

The purpose of this paper is to present the record of social survey overseas, as well as making improvements to the questionnaire for use in future research by reviewing the process of creating this questionnaire and its content. In order to do so, the author aspires to provide that information as "shared property" since the approach of survey carried out in other countries remains relatively uncollected. The social survey had been conducted in Chiang Mai Province of Thailand, regarding the Buddhist temple in that region. The process of preparing the questionnaire was recorded in detail, and the suggestions for future research obtained from this paper are summarized in the following four points: (1) The trade-off relationship between an easy-to-understand questionnaire structure and the number of unanswered answers, (2) Recognizing potential biases beforehand and measuring the magnitude of their effects through preliminary surveys, (3) Considering the wording/phrasing used in the questionnaire in relation to how respondents are affected by the questions and subject, (4) Unexpected obstacles that accompany social surveys conducted overseas.

Key word :
Questionnaire, Mail Survey, Pretest, Buddhist Temple, Thailand

【付録】

「仏教寺院の社会的活動に関する調査」
御協力のお願い

この度、私ども日本の淑徳大学アジア国際社会福祉研究所では、タイのマハーマクット仏教大学の協力の下、今まで断片的な報告のみにとどまっていた、タイの仏教寺院と社会とのかかわりを明らかにすることを目的とした質問紙調査を実施することになりました。調査対象寺院は、チェンマイ県に位置する全ての寺院となっております。調査結果は、論文としてまとめて学術雑誌に掲載する予定です。

御回答は無記名でお願いし、得られたデータは全て統計的に処理し、研究期間終了後に破棄します。プライバシーの保護には十分に配慮し、御回答の内容は本調査以外の目的には使用いたしませんので、御迷惑をお掛けすることはございません。ぜひとも率直な御意見をお聞かせください。なお、本調査におきましては、御回答の返送をもって参加への同意をいただいたものとさせていただきます。

・質問紙は 7 ページ、質問は 32 問、回答にかかる時間は約 30 分です。
・お答えになりにくい質問は、無回答で結構です。
・質問紙の御返送の締め切りは、2017 年 2 月 20 日です。

調査に関してお問い合わせがある場合は、御手数ですが下記まで御連絡ください。
お忙しい時期に勝手なお願いで大変恐縮ですが、調査の趣旨を御理解の上、御協力くださいますよう、何卒よろしくお願いいたします。

2017 年 1 月 20 日

マハーマクット仏教大学
Phramaha Surakrai Congboonwasana
住所　○○○
電話　○○○
E-mail　○○○

淑徳大学アジア国際社会福祉研究所
教授　松薗祐子
研究員　安藤徳明
住所　○○○
電話　○○○
E-mail　○○○

質問はこのページからです。

最初に、あなたの寺院についてお聞かせください。

Q1. あなたの寺院に僧侶が何人いるかお聞かせください。

(　　　　　　)人

Q2. あなたの寺院に見習い僧が何人いるかお聞かせください。いない場合は、0 とお書きください。

(　　　　　　)人

Q3. あなたの寺院に女性修行者が何人いるかお聞かせください。いない場合は、0 とお書きください。

(　　　　　　)人

Q4. あなたの寺院が所有する土地の広さはどれぐらいあるかお聞かせください。

(　　　　　　)ライ

Q5. あなたの寺院に本堂、布薩堂及びその他建物がいくつありますか（庫裏は含めないでください。）。

(　　　　　　)棟

Q6. あなたの寺院は 1 か月に平均どれぐらいの額の寄付を受けるかお聞かせください。

1. 20,000 バーツ未満
2. 20,000～50,000 バーツ未満
3. 50,000～100,000 バーツ未満
4. 100,000 バーツ以上

Q7. あなたの寺院は昨年政府からどれぐらいの額の補助金を受けましたか。

1. 0 バーツ
2. 1～20,000 バーツ未満
3. 20,000～50,000 バーツ未満
4. 50,000～100,000 バーツ未満
5. 100,000 バーツ以上

Q8. あなたの寺院は収支会計について在家者に報告する機会がありますか。

1. はい　　2. いいえ

Q9. あなたの寺院には資金調達（Fundraising）の担当者がいますか。

1. はい　　2. いいえ

次に、あなたの寺院の活動についてお聞かせください。

Q10. あなたの寺院では、以下の 1.～15.に掲げるような社会福祉的な活動をどの程度力を入れて行っていますか。それぞれについて 1～6 のうち、最も近いものを 1 つだけ選んで○をつけて下さい。

	活動を行っていない	行ってはいるが全く力はいれていない	行ってはいるがそんなに力はいれていない	どちらともなく行っている	まあ力を入れて行っている	非常に力を入れて行っている
1. 麻薬中毒者に対するケア	1	2	3	4	5	6
2. HIV/AIDS 罹患者に対するケア	1	2	3	4	5	6
3. 物品日用品の貸し出し	1	2	3	4	5	6
4. リサイクルの仲介	1	2	3	4	5	6
5. 遺児の保護	1	2	3	4	5	6
6. 高齢者の保護	1	2	3	4	5	6
7. 難民の保護	1	2	3	4	5	6
8. 障害者の保護	1	2	3	4	5	6
9. インフラ整備（水道、電気、道路等）	1	2	3	4	5	6
10. 伝統医療行為	1	2	3	4	5	6
11. 争いごとの調停	1	2	3	4	5	6
12. 終末期のケア	1	2	3	4	5	6
13. 環境保護	1	2	3	4	5	6
14. 米銀行、水牛銀行	1	2	3	4	5	6
15. 人々への集会場所の提供	1	2	3	4	5	6

Q11. 社会福祉的な活動について、上記の 1.～15.の活動以外で行っているものがあればお聞かせください。

……………………………………………………………………………………………

……………………………………………………………………………………………

……………………………………………………………………………………………

Q12. あなたの寺院では、以下の 1.～11.に掲げるような教育的な活動をどの程度力を入れて行っていますか。それぞれについて 1～6 のうち、最も近いものを 1 つだけ選んで○をつけて下さい。

	活動を行っていない	行ってはいるが全く力はいれていない	行ってはいるがそんなに力はいれていない	どちらともなく行っている	まあ力を入れて行っている	非常に力を入れて行っている
1. 学校の所有運営	1	2	3	4	5	6
2. 託児所の運営	1	2	3	4	5	6
3. 麻薬に関する啓発活動	1	2	3	4	5	6
4. HIV/AIDS に関する啓発活動	1	2	3	4	5	6
5. 日曜学校	1	2	3	4	5	6
6. サマースクール	1	2	3	4	5	6
7. 僧のパーリ語教育	1	2	3	4	5	6
8. 僧の仏教の教育	1	2	3	4	5	6
9. 一般中等教育での仏教教育	1	2	3	4	5	6
10. 奨学金の支給	1	2	3	4	5	6
11. 職業訓練	1	2	3	4	5	6

Q13. 教育的な活動について、上記の 1.～11.の活動以外で行っているものがあればお聞かせください。

Q14. あなたの寺院では、以下の 1.～10.に掲げるような宗教的な活動をどの程度力を入れて行っていますか。それぞれについて 1～6 のうち、最も近いものを 1 つだけ選んで○をつけて下さい。

	活動を行っていない	行ってはいるが全く力はいれていない	行ってはいるがそんなに力はいれていない	どちらともなく行っている	まあ力を入れて行っている	非常に力を入れて行っている
1. 人々への説法	1	2	3	4	5	6
2. 人々からの悩み相談、生活指導	1	2	3	4	5	6
3. 祈祷	1	2	3	4	5	6
4. 瞑想の指導	1	2	3	4	5	6
5. 仏教に関する本の出版	1	2	3	4	5	6
6. 説法が収録された CD の作成	1	2	3	4	5	6
7. 外部の講演会への登壇	1	2	3	4	5	6
8. 冠婚葬祭等の儀式	1	2	3	4	5	6
9. お守りや amulet の販売	1	2	3	4	5	6
10. お堂の建設	1	2	3	4	5	6

Q15. 宗教的な活動に関する項目について、上記の 1.～10.の活動以外で行っているものがあればお聞かせください。

....

....

....

Q16. あなたの寺院が社会的活動を行う上で、アドバイザーはいますか。

1. はい　　　2. いいえ

↓

1. はい と答えた方にお聞きします。それは、どのような方ですか。

(　　　　　　　　　　　　　　　　　　　　　　　　　　　　　　　)

Q17. あなたの寺院が宗教的活動を行う際に、他の寺院と共同で行うことはありますか。

1. はい　　　2. いいえ

Q18. あなたの寺院が社会的活動を行う際に、他の寺院と共同で行うことはありますか。

1. はい　　　2. いいえ

Q19. あなたの寺院が社会的活動を行う際に、一人の僧侶が中心となって取り組みますか、それとも数名の僧侶で取り組みますか、又は僧侶全体で取り組みますか。

1. 一人の僧侶が中心となり取り組む
2. 数名の僧侶のグループで取り組む
3. 僧侶全体で取り組む

Q20. あなたの寺院が社会的活動を行う際に、在家者の協力を得て行うことはありますか。

1. はい　　　2. いいえ

Q21. 寺院が行う宗教的活動と社会的活動について、以下の 3 つの中から、あなたの寺院にとって力を入れる重要度が一番近いものを選んで下さい。

1. 宗教的活動の方が重要
2. 宗教的活動と社会的活動とは同じくらい重要
3. 社会的活動の方が重要

Q22. あなたの寺院は 1 日何回勤行をしますか。

(　　　　　　)回

Q23. あなたの寺院の 1 回の勤行にかかる時間は平均どれぐらいですか。

(　　　　　　)分

続いて、あなたの寺院を訪れる人々についてお聞かせください。

Q24. あなたの寺院には 1 日で平均どれぐらいの人々が訪れるかお聞かせください。

(　　　　　) 人

↓

そのうち、寺院と同じコミュニティ出身の人は何%ぐらいかお聞かせください。

(　　　　　) %

Q25. あなたの寺院は昨年何人の得度者がいたかお聞かせください。

いない場合は、0 とお書きください。

(　　　　　) 人

↓

そのうち、寺院と同じコミュニティ出身の人は何人かお聞かせください。

(　　　　　) 人

Q26. あなたの寺院で得度をする際に、得度者の身元の確認をしていますか。

1. はい　　2. いいえ

↓

1. はい と答えた方にお聞きします。身元を確認した上で、得度を断ることはありますか。

1. はい　　2. いいえ

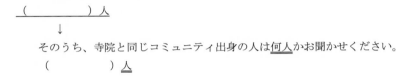

最後に、回答者自身についてよろしければお聞かせください。

Q27. この質問紙を記入した方の身分についてお聞かせください。

1. 住職　2. 副住職　3. 住職補佐　4. 僧侶（住職以外の寺僧）　5. 見習い僧
6. その他（　　　　　　　　）

Q28. この質問紙を記入した方の年齢についてお聞かせください。

（　　　　　）歳

Q29. この質問紙を記入した方の安居年についてお聞かせください。

（　　　　　）年

Q30. この質問紙を記入した方のタイ語による仏教学試験レベルをお聞かせください。

1. ナックタム３級　2. ナックタム２級　3. ナックタム１級　4. なし

Q31. この質問紙を記入した方のパーリ語による仏教学レベルをお聞かせください

1. パリヤテイタム 1-2　2. パリヤテイタム３　3. パリヤテイタム４　4. パリヤテイタム５
5. パリヤテイタム６　6. パリヤテイタム７　7. パリヤテイタム８　8. パリヤテイタム９
9. なし

Q32. この質問紙を記入した方の最終学歴についてお聞かせください。

1. 小学校卒業　2. 中学校卒業　3. 高校卒業　4. 職業専門学校、教職専門学校、短大卒業
5. 大学卒業　6. 大学院修士課程修了　7. 大学院博士課程修了

〔海外情報〕

アジア各国の宗教によるソーシャルワーク実践から
ソーシャルワークへの問い直し

淑徳大学アジア国際社会福祉研究所　**松尾　加奈**

抄録

世界には、「ソーシャルワーク教育が確立していない」、「ソーシャルワーク教育を提供する高等教育機関に進学する者が限られている」、「ソーシャルワークが専門職として社会認知されていない」国（地域）が多数存在しており、このような国（地域）で社会的に脆弱な立場にいる人々に対する支え合いや利他活動が宗教者・施設・宗教系NGOによる社会活動（ソーシャルワーク）として存在している。本稿では仏教ソーシャルワーク研究の一環で視察したネパール、ブータン、ミャンマーでの仏教僧・僧院でのヒアリング調査と、イスラームによる活動調査研究で訪問したマレーシアとパキスタンのイマームや宗教系NGO団体の活動調査について報告する。この報告で見えてきたのは、日本の文脈で語られるソーシャルワークへの問い直しである。「ソーシャルワーク専門職のグローバル定義」のみを以てソーシャルワークを語るのではなく、信仰や宗教的活動からソーシャルワークを語る視点を持つことで、ソーシャルワークを専門職化の縛りから解き放ち、真の意味でソーシャルワークをグローバルに定義化できると考える。

キーワード：ソーシャルワークの現地化（インディジナイゼイション）、
宗教とソーシャルワーク実践、仏教、イスラーム、専門職

2015年度文部科学省私立大学戦略的研究基盤形成支援事業（研究プロジェクト名：アジアのソーシャルワークにおける仏教の可能性に関する総合研究）採択により進められてきた「仏教ソーシャルワーク」の研究は、（A）仏教を主たる宗教とするアジア諸国におけるソーシャルワークと仏教に関するリサーチ（東南アジア地域のタイ・ベトナム・ミャンマー・ラオス・カンボジア・ブータン、東アジア地域の韓国・台湾、南アジア地域のスリランカ）、（B）他宗教を主とするアジア諸国及び欧米文化圏における現状に関するリサーチ（中国、モンゴル、インド、ネパール、バングラデシュ、インドネシア、マレーシア、パキスタン等）の二つのグループを対象とした（淑徳大学アジア国際社会福祉研究所，2020）。この研究は2016年に開設された淑徳大学アジア国際社会福祉研究所（Asian Research Institute for International Social Work: ARIISW、以下「ARIISW」と記す。）と現地の研究者が協力し、仏教徒・仏僧／尼僧・寺院による人々への支援、社会課題への取り組み事例を収集分析し、仏教ソーシャルワークの３つのモデルと作業定義を構築した（秋元, 2018）。この研究の萌芽は、2010年に始まったアジア太平洋ソーシャルワーク教育学校連盟（Asia Pacific Association for Social Work Education: APASWE）によるソーシャルワーク定義の再検討プロジェクトと、日本社会事業大学アジア福祉創造センター（当時）の「ファンクショナル・オータナティブとソーシャルワーク研究（*(Professional) Social Work and its Functional Alternatives*)」(Sasaki, 2013）に遡ることができる。

「ファンクショナル・オータナティブとソーシャルワーク研究（*(Professional) Social Work and its Functional Alternatives*)」と同時期に実施された、日本社会事業大学の国際共同研究「アジア太平洋圏域におけるソーシャルワーク教育の国際化」(*Internationalization of Social Work Education in Asia,* 2013）と、続く「アジア太平洋圏域におけるソーシャルワーク教育の国際化と現地化」(*Internationalization & Indigenization of Social Work Education in Asia,* 2014）の二つの国際共同研究からは、「イスラム教とソーシャルワーク」研究（*Islamic Social Work Practice: Experiences of Muslim Activities in Asia,* 2016）が派生的に発生した。本稿ではこれらの研究報告を再構成し、アジア各国の宗教による実践から見えたソーシャルワークへの問いについて考えてみたい。

Ⅰ　ソーシャルワークを日本の文脈から離して語る

日本仏教社会福祉学会は「仏教ソーシャルワーク（buddhist social work)」を次のように記載している。

> ***「ソーシャルワークの国際概念に準じれば仏教ソーシャルワーク（buddhist social work）は仏教者による人間と社会（環境）との接合面に焦点を当てた専門的な介入による支援となり、その仏教ソーシャルワーク実践では、仏教的価値・倫理を基底に置いた取り組みを求め続けます」*** [1]

学会本部のある日本はソーシャルワーク教育・研究及び実践のバックグラウンド（歴史・経験・人材）が備わっているので「専門的な介入による支援」が可能であろう。しかし、ソーシャルワーク教育が確立していない国・地域、あるいはソーシャル

1.　日本仏教社会福祉学会HOME. http://jaswas.wdc-jp.com/~jabsws/（2022年１月17日閲覧）

ワーク教育を提供する高等教育機関に進学する者が日本に比して少ない国・地域には、日本の文脈で語られる「専門的な介入による支援」が難しい地域が多数ある。一方で、生活において困難を抱えている人々、いわゆる社会的に脆弱な立場にいる人々に対する支え合いや利他の活動は、日本のソーシャルワーク教育の文脈とは異なる形で世界中に存在している。また、世界で二番目に大きな信者人口を持つイスラーム（イスラム教）については、聖典クルアーンの教えに基づいて社会的に脆弱な立場にいる人々への支援が宗教的な義務として存在する。

Ⅱ　仏教ソーシャルワーク研究で視察した国々の事例から

社会的脆弱性（vulnerability）について、Dominelliは「衰弱する状況や出来事に対応できうる人的・物的資源の欠如が進んでしまい、人々のウェルビーイングの推進力としての基礎が失われることによって、構造的に生み出された現象」と定義する（Dominelli, 2010, p.30）[2]。ARIISWによる仏教ソーシャルワーク研究で現地調査した国々のうちネパール、ブータン、ミャンマーについて、社会的に脆弱な立場にいる人々に対し仏教寺院や僧院・僧や尼僧・信徒が実施している事例を紹介する。

1．ネパール

ネパールにはソーシャルワーク専門職養成教育が存在しており（Nikku, 2013, 2014)、ソーシャルワークをチャリティではなく専門職として確立したいというソーシャルワーカーたちが国際会議や国際団体で活動している。

一方で本研究の現地協力者Acharya Karma Sangboのように「ブッダよりも最も偉大なソーシャルワーカーはいない」として、仏教の実践と社会貢献を一体として考える人々もいる（Sangbo, 2015, 2016)。僧侶たちはヒマラヤ山脈の貧しい農村の子どもたちをカトマンズ周辺の僧院に住まわせ教育の機会を提供しているが、その目的は僧侶を育てるだけではない。子どもたちには仏教教育だけではなく、一般教育やネパールの伝統文化教育を提供している。これらは農村部コミュニティのリーダー育成を目指す、いわばキャパシティ・ディヴェロップメント活動でもある。ネパールにおける仏教寺院の奉仕活動は、社会的脆弱な立場にいる人々への支援、自然災害被災者への支援があり、人々の幸せを祈るだけではなく、僧院から社会に出向き、人々の悩みを聞く、あるいは医療・教育・物資の提供など「体を動かして救済する活動」

2.　日本語では「弱さ、無防備、脆弱性」から「社会的に脆弱な人々、社会弱者」と表される。社会弱者という言葉について適否が論じられているが、ここでは論じない。

（Thapa, 2017）がある。【写真１、２、３、４】

2. ブータン

ARIISW の国際共同研究参加の呼びかけには、ブータン王立大学サムゼ教育校（Royal University of Bhutan Samtse College of Education）校長（当時）Dorji Thinley を中心に教員達が協力を約束してくれた。当時ブータンではソーシャルワーク専門職教育が始まっておらず、「持続可能な開発目標（SDGs）達成」に向けた取り組みの一つとして国際機関 UNICEF の支援を受けてソーシャルワーク教育を始める機運が高まっていた頃であり、サムゼ教育校がその拠点であった。ARIISW の国際共同研究参加について、Thinley は「ブータンの人々の価値観の根底にある仏教に基づくソーシャルワーク教育を始めたい」と話した。

2016年６月、Thinley たちの紹介により ARIISW チームは、仏教ソーシャルワークのサイトを視察することになった。ARIISW チームは、「ソーシャルワーク専門職教育がない場所で社会的脆弱性に対し仏教僧院がどのような活動をしているのか？」という点を中心に仏教僧や大学教員にヒアリングを実施した。興味深いことに、ヒアリングの中で「ブータンにはソーシャルワーク教育はないが、仏教ソーシャルワークはある」という発言が複数の人々から聞かれた。すなわち、仏僧が社会のために祈ることはソーシャルワークであり、人々が仏教の教え（Dharma）に則り、自発的に助け合う「利他・互助・共助」の行為もソーシャルワークである。そしてこれらの活動はブータンの政策である「国民総幸福量（Gross National Happiness: GNH）」の文脈の中で行われている、というのだ。一方で、首都ティンプーを中心とするブータン国内の都市部ではドメスティック・バイオレンスや若年層の失業、大麻汚染などの課題があり、これら社会的脆弱性に対応するべく国連機関や国際 NGO からブータンに派遣された専門家たちが活動している。【写真５】

3. ミャンマー

ARIISW による仏教ソーシャルワーク研究プロジェクトに地域開発 NGO の主宰者 Bobby がミャンマー代表として参加したのは2015年、長年にわたる軍事政権から民主化に移行した頃であった。2016年８月 ARIISW チームが訪問したバゴー郊外の僧院 Pan Pyo Let Monastic Education では、近隣の村に住んでいる子どもたちに教育と昼食を提供していた。提供されていた昼食の材料は仏教信徒からの寄進により作られていた。僧侶 Ashin Pyin Nyaw Bha Tha は「国の未来を作るのは子ども達であり教育が礎になる」と話し、仏教以外の一般的な科目についても小・中学生に相当する子ども達に学ぶ機会を提供していた。【写真６、７】

またヤンゴン郊外の僧院 Thabarwa Tayar Yeik Thar Than Lyin では、病院で手の施しようがないと言われ家族や近隣の人々から見放された（abandoned）人々、行き場を失ってしまった高齢者達が住む施設や医療施設を作っていた。高齢者の施設は、日本の介護施設とは違って屋根と壁だけの建物にベッドが並べてあるだけの施設であったが、ベッドに座っていた女性は「どこにも行くところがなかった私にとっては天国だ」と話していた。この僧侶はインターネットを活用し、世界中からボランティアを受け入れていた。また、説教を聴きに集まった地域の人々の相談を受け助言やトラブルの仲裁などをしていた。

Ⅲ　イスラームによるソーシャルワーク活動事例

次に、イスラームが国の宗教となっている国々、ムスリムが国民の大半を占めている国々について現地の研究協力者と共に実施した国際共同研究で訪問した国々の事情を紹介したい（Matsuo et al., 2020）。そこでは、仏教とイスラームという宗教の差異はあるものの同じような機能を果たしているモスクやイマーム達の姿があった。本研究の現地協力者たちは、マレーシア工科大学（Universiti Sains Malaysia）ソーシャルワーク学部で学位をとった研究者達であったこともあり、日本で学ぶソーシャルワークと同じ理解から、イスラームという地域社会に根付いたコンテクストで実践されている活動を見るという共通の視点での研究を進めることができた。ここではマレーシア・クアラルンプール、ペナンとパキスタン・ラホールでの事例を紹介する。

4. マレーシア

マレーシアは憲法でイスラームを連邦宗教としつつ、仏教やキリスト教、ヒンドゥー教や儒教・道教など多様な宗教の信仰の自由を認めている（Religion, Malaysia Information）[3]。マレーシアのソーシャルワーカーはライセンス制で、ソーシャルワーカー養成教育では西欧のソーシャルワーク理論やモデル、方法などを取り入れながら実施されている（Matsuo et al., 2020, p.12）。

2018年10月、クアラルンプール市内で棄児・孤児を養育しているムスリム女性へのインタビュー調査を実施した。インタビューをした女性はソーシャルワーク教育を受けていなかった。彼女は聖典クルアーンに示された教えに従って、自発的な社会活動を行なっており、その活動の源は「愛、他者を支えたいという情熱、思いやりの気持ち（love, passion, caring, and charitable spirit）」である（Matsuo et al., 2020, p.8）。彼

---

3. https://www.malaysia.gov.my/portal/content/30116（2022年３月28日閲覧）

女は市のソーシャルワーカーの連絡を受けて子どもたちを引きとって育ててきた。養子縁組をした子供は34人、中にはHIV/AIDSで親を亡くした子どもや、本人がHIV/AIDS陽性である子どもたちも含まれていた。

また2018年３月に訪問したペナン市内にあるイスラーム系NGOの児童養護施設Wisma Yatim Perempuan Islam Pulau Pinangでは寮母（ケア・テイカー）が施設内で子どもたちと寝食を共にしていた。ソーシャルワーカーはいない。この施設には親を亡くした貧困層の子どもたち60名が生活し、地元の学校に通っていた。入居している子どもたちは、親亡き後に親類に引き取られたものの厳しい経済状況で養育困難になり連れてこられたという。ここでもイスラームの聖典クルアーンの教えに沿って自発的にソーシャルワークの代替的機能を果たしていると言えるだろう。【写真８】

5. パキスタン

パキスタンはイスラームを国教としているが、全ての宗教的実践や祈りも制限されない宗教の自由と平等な権利を持っている[4]。ソーシャルワーク教育は1945年に始まった。

2018年８月、ラホール市内でイスラーム系NGO、モスクを訪問し、ソーシャルワーク教員やイマームたちの話を聞いた。パキスタンのソーシャルワーク教育は、マレーシアと同じように西欧諸国（アメリカ、イギリスなど）で発行された書籍を教科書としている。インタビューに協力した教員によると、パキスタン国内の事情を取り扱ったソーシャルワークの教科書がほとんどない。そのため実践や実習でパキスタンの人々の生活とのギャップを感じるという卒業生や実習生の声が大きい。また、パキスタン政府はソーシャルワークに期待しているが、人的経済的リソースが限られており、NGO団体が政府を代替する機能を持っている。特に宗教系NGOであるAl-Khidmat Foundationは国外のネットワークも活用し大きな資本で災害復旧やコミュニティ開発、子どもへの教育や農村部の女性支援を展開していた。【写真９】別のイスラーム系NGOであるMihaj ul Quran Foundationの管理者は「イスラームの教えそのものがソーシャルワークである。あなた方（調査者）が私たちの活動をソーシャルワークであると認めようが認めまいが構わない」と話した。貧しい農村部の子

---

4. “(MINORITIES ENJOY FULL RELIGIOUS FREEDOM IN PAKISTAN AS THERE IS NO RESTRICTION ON PRAYERS AND RELIGIOUS PRACTICES OF ANY RELIGION IN THE COUNTRY: PIR DR NOOR-UL-HAQ QADRI)”. Retrieved from https://www.mora.gov.pk/NewsDetail/NTU 0 ZmJmYmItZTI 1 Ni00NGRkLWEwZGUtOTJjNzhmMDViMDhh.（2022年３月２日閲覧）

どもたちをラホール市内のモスクJamia Naeemiaに寄宿させて無償で教育をしているイマームは、自身の活動と同じような活動をするイマームは少ないとしながらも、モスクには地域の人々が礼拝に集まって情報交換をしたり生活の悩み相談を受けての助言や紛争解決をしたりする機能がある、と話していた。ラホール調査では、聖典クルアーンは社会の富の再配分と循環を説いており、クルアーンの教えにある相互扶助や喜捨とソーシャルワークは同等の意味を持つ自発的な社会活動と認識されていた。

Ⅳ　宗教とソーシャルワーク実践で見えてくること

人びとの生活の中で、お互いを思い合い、困ったときに相談にのったり、助け合ったりする行為について現地調査で見た一例を紹介した。それは、宗教的な行為であったり、社会活動と呼ばれたり、ソーシャルワークという名前で語られていたが、日本の社会福祉教育の教科書にあるソーシャルワークとは異なる慈善活動のような活動・行為もあった。確かに、専門職教育で扱うソーシャルワークの根底には、愛や情熱で表現されている自発的な行動、思想に基づいた行動がある。上述の事例には「ソーシャルワーク」と名がついていないものの同じような思想に基づいた行動があった。また、専門職教育で扱われるソーシャルワークと同じような機能、国家事業として大掛かりな活動もあった[5]。

さらに言えば、ブータンのようにソーシャルワーク専門職教育が導入される前から行われてきた行為を、なんと表現すればいいのだろうか。パキスタンで会ったイマームに対して、「それは専門職教育を受けていないからソーシャルワークではない」と断じることは無意味ではないか。

また、「『西欧（West)』という言葉にも多様性がある」（Dominelli, 2010）というとおり、「西欧」や「アジア」という枠組みが問題なのではないのかもしれない。ソーシャルワークや社会活動の目標は、人々の幸せやウェルビーイングという頂《いただき》にある。宗教での支え合いの行為は、頂に立って見上げた先の神仏の存在（信仰）だろう。頂に到達する道が専門職教育や宗教的行為、慈善活動などのように多様に存在している。歩む道によって、支える仕組み、考え方、方法論が多様に存在している。「ソーシャルワークは一つの専門職である」という縛りを解いて、行為・行動・実践から「ソーシャルワークとは何か」を問い直す自由さは必要ではないだろうか。

いま世界では、ソーシャルワークは専門職であるという出発点から、グローバル・

5.　生江はかつて社会事業（social work）を個人の慈善活動ではなく国家事業として捉えるべきとした（生江孝之.（2010（1938））。

スタンダードという統一した枠組み構築へ流れている。この動きはソーシャルワークを専門職と限定するならば必要だろう。しかし前述のように非専門職によってなされているソーシャルワークの事例が世界中に存在している事実もある。グローバルな専門職にとって、グローバル・スタンダードや定義が必要なのは言うまでもない。しかし非専門職によるソーシャルワークをなんと表現するかという議論は十分に尽くされていない[6]。

V　次の一歩へ：結びに変えて

2012年、ストックホルムの国際会議で会ったボツワナ人ソーシャルワーカーも、2016年に韓国・ソウルで出会ったタンザニア人ソーシャルワーカーも「『インディジナイゼイション』がキーワードであり、アフリカのソーシャルワークに必要なことはインディジナイゼイションである」と話していた。日本は、ソーシャルワークのインディジナイゼイションが非常に進んだ国である。欧米の理論を日本の社会に組み込み、法制度化し、サービス提供の仕組みを作ってきた。ケアマネジメントに代表されるように極めて欧米のソーシャルワークに近い仕組みもある。

一方で、Gray らは2010年にすでに「インディジナイゼイションではなくインディジナスだ」と述べている。土着化・現地化したソーシャルワークではなく、それぞれの生活に根付いたソーシャルワークの必要性を説いている。インディジナイゼイションは、カナダのファーストネイションズたちによって「ノー」を突きつけられている。そして脱植民地化（decolonization）に代表されるように、教科書に書かれたソーシャルワーク（イギリス、アメリカ、旧宗主国から持ち込まれたソーシャルワーク）を現地化させるのではなく、「脱」を目指している傾向が強いことが大きな特徴と言える（Gray et al., 2010）。

日本でもソーシャルワークの課題を、「価値と原理をソーシャルワークの『独自性』

---

6. 一方で、専門職（プロフェショナル）への希求も否定できない。例えば、バングラデシュの場合、1973年まで社会福祉省（Ministry of Social Welfare）社会サービス局（Department of Social Service）がソーシャルワークの教育を修めた者を採用していた。その後他の領域での修士レベル修了者にも門戸が開かれ、反対の動きはあったものの、1978年、ソーシャルワーク修了者に限らず、修士課程であることを条件として採用を進めるという方針を政府が打ち出した。その理由としてSamad とHossinは、政府がソーシャルワークをプロフェショナルと見做していなかったことを挙げている（Samad, M., & Hossain, A., 2014）。

と『主体性』を担保しうるような、新たな尊厳のあり方に基づく『価値』と『原理』の在処の探究」の必要性を解く研究もある（衣笠，2018）。 紹介した仏教やイスラームの宗教者たちによる実践は、2014年に採択された「ソーシャルワーク専門職のグローバル定義」を否定するものではない。もっと本質的な問いである「ソーシャルワーク」を問い直している。ソーシャルワークはモダニズムを偏重し、人々の信仰（religion あるいは faith）や宗教的活動を軽んじてきた（Askeland & Døhlie, 2015）。Askeland & Døhlie が国際ソーシャルワーク研究で指摘したように、宗教とソーシャルワークの関係性は切り離せない。仏教ソーシャルワークの研究は、ソーシャルワークとは何であるか、の問い直しの研究であるといえる。ソーシャルワークの本質は何か。その定義を理想から語るのではなく、もっとシンプルに、いわば機能からとらえ直す視点を宗教とソーシャルワーク実践が示唆している。

参考文献

Askeland, G. A., & Døhlie, E. (2015). Contextualizing international social work: Religion as a relevant factor. *International Social Work*, 58 (2), 261–269. https://doi.org/10.1177/0020872813482958（2022年３月30日閲覧）

Dominelli, L. (2010). Social Work in a Globalizing World. Polity Press.

Gray, M.,Coates, J.,& Yellow Bird, M. (2010). Indigenous social work around the world: towards culturally relevant education and practice. —(Contemporary social work studies). Routledge.

Internationalization & Indigenization of Social Work Education in Asia. (2014). Social Work Research Institute Asian Center for Welfare in Society (ACWelS), Japan College of Social Work.

Internationalization of Social Work Education in Asia. (2013). (K. Matsuo & T. Akimoto, Eds.). Social Work Research Institute Asian Center for Welfare in Society (ACWelS), Japan College of Social Work.

Islamic Social Work Practice: Experiences of Muslim Activities in Asia. (2016). Asian Center of Social Work Research (ACSWR) Hasegawa Research Institute for Buddhist Culture Shukutoku University & Social Work Research Institute Asian Center for Welfare in Society (ACWelS), Japan College of Social Work. (978-4-905491-08-8).

Matsuo, K., Hatta, Z. A., Ali, I., Fahrudin, A. Jafar, M., & Yahaya, M. H. (2020). *JSPS KAKEN RESEARCH PROJECT "Social Work" and Religion in Asia —The Case of Muslim—: For the Evoluation of International Social Work* (978-4-908912-06-1). Asian Research Institute for International Social Work, Shukutoku University.

Nikku, B. R. (2013). Internationalization of Social Work In Nepal. In K. Matsuo & T. Akimoto (Eds.), *Internationalization of Social Work Education in Asia* (pp. 151–248). Social Work Research Institute Asian Center for Welfare in Society (ACWelS), Japan College of Social Work.

Nikku, B. R. (2014). Indigenization of Social Work in Nepal: Rhetoric and Reality. In K. Matsuo & T. Akimoto (Eds.), *Internationalization & Indigenization of Social Work Education in Asia* (pp. 105–120). Social Work Research Institute Asian Center for Welfare in Society (ACWelS), Japan College of Social Work.

Samad, M., & Hossain, A. (2014). Indigenization of Social Work Education in Bangladesh: Knowledge, Perception and Realities. In K. Matsuo & T. Akimoto (Eds.), *Internationalization & Indigenization of Social Work Education in Asia* (pp. 11–38). Social Work Research Institute Asian Center for Welfare in Society (ACWelS), Japan College of Social Work.

Sangbo, A. K. S. (2015). *Social Welfare in Nepal Conducted by Buddhist Monasteries* (Buddhist "Social Work" Activities in Asia. Asian Research Institute for International Social Work, Shukutoku University.

Sangbo, A. K. S. (2016). *Buddhist Social Welfare in Nepal* (Buddhist "Social Work" and Western-rooted Professional Social Work —The next first step— <Proceedings>. Asian Research Institute for International Social Work, Shukutoku University.

Sasaki, A. ed. (2013). *(Professional) Social Work and its Functional Alternatives.* (Hd. Akimoto, T.) Social Work Research Institute Asian Center for Welfare in Society (ACWelS), Japan College of Social Work & Asian and Pacific Association for Social Work Education (APASWE).

Thapa, R. B. (2017). *Buddhist Social Work in Nepal* (Shukutoku University 2nd International Academic Forum on Buddhist Social Work: How is Asian Buddhism involved in People' s Life? Exploring the Buddhist Social Work Building the Asian Buddhist Social Work Reseach Network. Asian Research Institute for International Social Work, Shukutoku University.

秋元樹．（2018）．西洋ソーシャルワークのグローバリゼーションと仏教ソーシャルワークの探求：ソーシャルワークの第３ステージへ—国際定義改定から学ぶ．In郷堀ヨゼフ，秋元樹，H.M.D.R.ヘラ，石川到覚，ホイ・ロアン，ソパ・オノパス，&カルマ・サングボ・シェルパ（Eds.），***西洋生まれ専門職ソーシャルワークから仏教ソーシャルワークへ：仏教ソーシャルワークの探求***（Vol. 0, pp. 1–53）．学文社．

衣笠一茂．（2018）．ソーシャルワークの価値と原理をめぐる今日的課題：批判はどこまで到達しているのか（特集 再考：ソーシャルワークの価値・倫理の構造）．**ソーシャルワーク研究**，44（3），167–177.

淑徳大学アジア国際社会福祉研究所．（2020）．***2018年度年報第3号***.

生江孝之．（2010（1938））．***社会事業綱要***．日本図書センター（社会福祉古典叢書4　生江孝之集．鳳書院）

写真1　ネパール・カトマンズ：Boudha Stupa

写真2　写真左側の地図にあるようにネパール・カトマンズBoudha Stupaの周りには僧院が多く集まっている

写真3　ネパール・カトマンズ：Boudha Stupaそばの路地。“Education for Social Transformation”、“Nursery”、“Helpless Relief Center”などの看板が見える

写真4　ネパール・カトマンズ：文中のSangbo師の僧院

写真5　ブータン・サムゼ：中心部から1時間山に登った僧院。「仏教ソーシャルワークをしている」と聞いて僧侶にヒアリングした

写真6　ミャンマー・バゴー：Ashin師の僧院が営む学校。子どもたちが使っている教科書は卒業生が使っていたもの

写真７　ミャンマー・ヤンゴン：僧院が営む身寄りのない高齢者の施設。
立っている男性左側から２人目がボランティアスタッフの一人

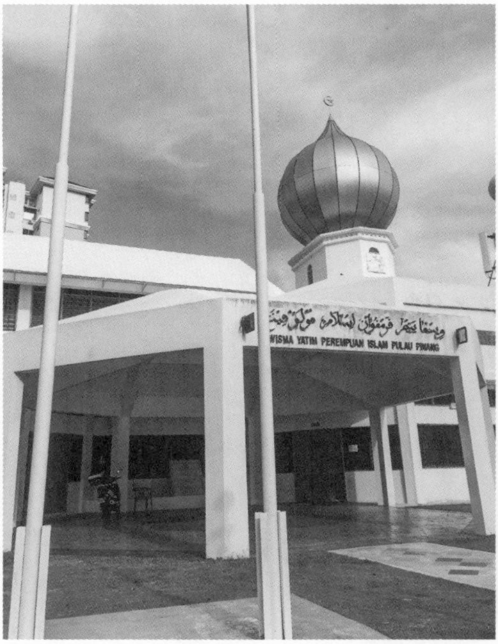

写真８　マレーシア・ペナン：宗教系の女児養護施設。男の子たちも数人生活していた

写真９　パキスタン・ラホール：宗教系NGOは海外のネットワークを活用し活動資金を確保し政府に業務委託されたコミュニティ・開発、災害支援を展開していた

Reconsidering social work from "social work" activities by religious people in Asian countries: Cases from Buddhists and Muslims

MATSUO Kana (Shukutoku University)

Abstract

Undoubtedly, there are countries worldwide where social work does not exist as a profession. This article introduced social work carried out by religious institutions and laypeople in Bhutan, Myanmar, Nepal, Malaysia, and Pakistan. It aims to share what the author has witnessed in these countries. The study is expected to discover that social work taught by Japanese academia may not be recognized as so, universally and globally. This is because Japanese social work is Western-rooted professional social work, and it is well-indigenized in Japanese society. We observed many activities carried out for the welfare of vulnerable people by Buddhist monks, monasteries, Buddhist laypeople, Muslims, and Imams utilizing international collaborative research projects in the above-mentioned countries. Our analysis raises two questions: First, is social work a profession? Social work is recognized as a profession under the Global Definition of Social Work jointly adopted by the International Association of School of Social Work and the International Federation of Social Workers in 2014. Second, how do researchers capture and identify the activities of religious people? In order to understand what work religious people undertake for society, it is crucial to answer the question "What is social work universally?" This study suggests that researchers should capture social work as religious people acting and functioning for the community also rather than as only a profession.

Key word: indigenization of social work; social work, religion, Buddhist, Islam, profession, religious institution

〔書籍紹介〕

長谷川匡俊著
『仏教福祉の考察と未来 ――仏教の生死観――』

（国書刊行会．2021年３月）

淑徳大学アジア国際社会福祉研究所　**佐藤　成道**

本学会では、代表理事を務められ、現在、名誉会員であられる著者の長谷川匡俊氏は、研究、教育、実践、経営など非常に多能で、多方面での数々のご事績は本欄に到底収まるはずもない。

それでも、研究に関して言及させていただければ、長谷川氏は、日本仏教史とりわけ近世から近代までの浄土宗史と日本社会福祉史の顕学にして、これまで一貫して仏教の視点から福祉を追究してこられた。

そして、宗祖の信仰と教義に基づく福祉実践とはいかなるものか、実践主体者としての教団や寺院、仏教者の独自性をどこに見出すのか、といった設題から、「生死一如」を説く仏教にふさわしい福祉の実践として医療福祉を取り上げ、「死への福祉」という視点から仏教と福祉に橋を架けるべく、この分野において仏教が果たすべき役割について書かれているのが本書である。

この四半世紀の間に公表された13本の論文や講演、対談の記録が収められ、全体の構成としては、「仏教が社会福祉に果たす役割」（『ザ・法然』（第17号）浄土宗報恩明照会　2005年）で提起された

「①仏教に基づく社会福祉理念（社会福祉の理念を仏教に求めるもの）」

「②仏教に基づく社会福祉実践思想（実践の動機付けとしての仏教思想と仏教信仰）」

「③仏教（実践主体としての教団・寺院・仏教者）に基づく社会福祉の実践」

の区分にほぼしたがった３部構成となっている。

「Ⅰ　仏教と福祉の結合」では、「仏教福祉」を「仏教に基づく福祉」ととらえ、「仏教」には、

（１）仏教の思想や理念（仏教的世界観、それに基づく方法も含む）と信仰＝Ａ

（２）それを体現している僧俗仏教者、仏教寺院、仏教の団体・組織が実践主体となること＝Ｂ

という意味が、また「福祉」には、

（1）抽象的・理念的・規範的次元における福祉＝a、すなわち目的概念としての福祉

（2）具体的・実践的・現実的次元における福祉＝b、すなわち実体概念としての福祉（この場合は「社会福祉」と称した方がよい）

という意味があるとしている。

それぞれに含まれる二つの要素をクロスさせ、事実上成立しがたいとするBa型を除く、Aa型、Ab型、Bb型という三つの結合様式を提示している。また、福祉実践の意味として、とりわけBb型について、「仏教者としてのボランティア活動は、元来そのかたち（活動の種類や形態）にではなく、動機と振る舞いの中に宗教者としての本質がにじみ出るところに意味があると思う」と説示している。

さらに、「時間（タテ）軸の共生」と「空間（ヨコ）軸の共生」の二つを提示し、過去・現在・未来という三世を貫く時間軸で物事を考える必要性に言及する。「時間軸に関する共生」を考えるとき、目に見えない世界である「冥界」と目に見える世界である「顕界」、つまり、「生者」と「死者」の共生である「生死共生」が大切であり、私たちは「過去を引き受け、未来を切り開く熱き心をもって、現在を生きる姿勢が大切ではないか」と述べている。

「Ⅱ　仏教福祉の思想と実践」では、実際的なBb型の実践は必ずしも振るってはいない状況ながら、これが「浄土宗（宗門としてのオフィシャルな活動や事業、および宗侶・宗徒個人の意思に発するものなど）の社会福祉事業や活動を支える理念として自覚され、生かされてこそ、他の社会福祉事業や活動に対して相対的独自性を主張できるのではなかろうか」と強調する。

そして、津軽地方における浄土宗の民衆教化に確固たる足跡を遺した蓮池の念仏信仰に基づく極めて行動的な勧進活動や、地域に密着した寺院のあり方を体現し、専修念仏者としてのひたぶるな念仏勧化や地域民衆の痛みや苦痛・生活ニーズに応えた行動の唱導性と勧進性を持ちあわせた貞伝の事例を紹介している。

さらに、首尾一貫した信仰のリアリティーに裏打ちされた信仰と社会的実践の合一を説き、念仏者が社会と向き合う契機を、信の深まりとの関係でも論じ、積極的な慈善事業の奨励者である原青民を取り上げ、緒に就いたばかりとしながらも、「原の信仰は内外相応、人格と行動に結実して初めて意味を持つ」と一定の結論を導いている。

また本稿では、長谷川氏が編者を務めた『戦後仏教社会福祉事業の歴史』（法蔵館、2007年）に言及する中で「ビハーラ活動」を例として、「死」を視野に入れた福祉、すなわち「死への福祉」への着目が重要であることを明かしている。

この捉え方については、それまでの「生者一辺倒の福祉」に対する異議申し立てと

しての意味をもつとした上で、「ケアされる側のニーズに応えるためには、生とは何か、死とは何か、つまりケアする側の死生観が問われ（このことはケアされる側も同じなのだが)、「たましいの（スピリチュアル）ケア」ともいうべき要素が、これまで以上に求められてくるにちがいない」と述べ、ここに宗教の出番があると言明している。

「Ⅲ 「死」の福祉」では、「死への智慧」に十分に注意を払い、そこから謙虚に学びとる姿勢を持つことも大切であるとして、「臨終行儀」に学ぶ必要性を説かれ、病院で種々の制約がともなっても、せめて枕元にご本尊の写真を置くなどして病床の環境を整える必要性を訴える。

さらに、生前に菩提寺の住職なり、同信同行の心を許せる家族を含めた人物を善知識と定め、十分話し合って意思の疎通をはかり、家族にもその旨を伝えておくべきであることや、10世紀末に念仏の同志25人で組織された比叡山横川の「二十五三昧会」がルーツとされる同志的結合による看取りの互助組織で、今日叫ばれているような「死への準備教育」や看取りの学修が日常的に営まれていたことを引き合いに、「その現代版が、僧俗仏教者の創意工夫によって次々と誕生してきたとき、仏教は必ず社会の信頼を取り戻すであろう」と提唱されている。

近年はいわゆる「終活」が社会現象となったり、団塊世代の約800万人が75歳以上の後期高齢者で、国民の３人に１人が65歳以上となる中で、諸課題を指摘される「2025年問題」が目前に迫ったりしている。このような情勢だからこそ、「生死一如」や「生死共生」を説く仏教の智慧が活かされる「死への福祉」という視点が、今後ますます所望されるのではないだろうか。

本書は、ルビも多く専門用語の説明も含めて全体的に平易な表現で書かれているため、仏教や福祉の関係者はもちろんのこと、医療従事者や患者とその家族の皆さまにも広くお読みいただきたい一冊である。

『日本仏教社会福祉学会年報』既刊号総目次

〔第51号〕令和４年刊行

〔54回大会　基調講演〕

「江戸と浅草寺～ 都市と寺院の接近プロセス ～」　壬生　真康

〔54回大会　大会シンポジウム〕

「寺院による福祉活動～ 浅草寺を中心にして ～」　シンポジスト　大久保秀子

伊藤　直文・石川　到覚

指定討論者　森下　智子・吉水　岳彦

コメンテータ　長谷川匡俊

コーディネーター　宮城洋一郎

〔令和元年度　日本仏教社会福祉学会　大会概要〕〔事務局報告〕

〔日本仏教社会福祉学会役員名簿〕〔編集後記〕

〔会則・理事会規程〕〔編集規程・投稿要領〕

〔『日本仏教社会福祉学会年報』既刊号総目次・投稿規程〕

〔図書紹介〕

大菅俊幸編著、島薗進・川又俊則・前田伸子著

『仏教の底力―現代に求められる社会的役割』　清水　隆則

〔研究ノート〕

大都市自治体行政における仏教的手法との協働による

独居高齢者の社会的孤立問題への支援について　常松　洋介

〔実践報告〕

学生が主体的に行う認知症カフェの学習効果に関する研究

～ 学生に対するインタビューから見えてきたこと ～　楢木　博之

〔第50号〕令和３年刊行

〔53回大会　公開シンポジウム〕

「超高齢社会の今からを考える」　シンポジウム趣旨説明　池上　要靖

シンポジスト　小谷みどり

近山　恵子・井上ウィマラ

司会・進行　楢木　博之

〔平成30年度　日本仏教社会福祉学会　大会概要〕

〔事務局報告〕〔日本仏教社会福祉学会役員名簿〕〔編集後記〕

〔会則・理事会規程〕〔編集規程・投稿要領〕〔『日本仏教社会福祉学会年報』既刊号総目次〕

〔図書紹介〕

大谷栄一編『ともに生きる仏教―お寺の社会活動最前線』　鷲見　宗信

宮城洋一郎著『日本古代仏教の福祉思想と実践』　長崎　陽子

〔研究ノート〕

学生の子育て支援活動から考察する「行学二道」の現代的意義　伊東　久実

〔第49号〕平成31年刊行

〔52回大会〕

記念講演　「宗教と福祉」　村主　康瑞

基調講演　「仏教社会福祉」の実践を求めて
～社会福祉法人制度改革がもたらすもの～　辻村　泰範

〔52会大会　大会シンポジウム〕

「社会福祉法以後の課題と仏教社会福祉」　シンポジスト　明石　隆行
村井　龍治
菅　智潤
コメンテーター　長上　深雪
司会・進行　佐伯　俊源

〔平成29年度　日本仏教社会福祉学会　大会概要〕

〔事務局報告〕〔日本仏教社会福祉学会役員名簿〕〔編集後記〕〔会則・理事会規程〕

〔編集規程・投稿要領〕〔『日本仏教社会福祉学会年報』既刊号総目次・投稿規程〕

〔実践報告〕

仏教系大学における地域福祉活動の意義～ 認知症カフェを立ち上げて ～　楢木　博之

特別養護老人ホームでの看取りケアに関する考察　佐伯　典彦

〔第48号〕平成30年刊行

〔日本仏教社会福祉学会　50周年慶讃音楽法要〕

「代表理事挨拶」「祝辞」

〔50周年記念大会　基調講演〕

「学会五十年の学びと今後の課題
―キリスト教社会福祉の歴史的展開にも学びながら―」　長谷川匡俊

〔50周年記念大会　大会シンポジウム〕

「仏教社会福祉の展望と課題」　シンポジスト　長崎　陽子
宮城洋一郎
石川　到覚
コーディネーター　池上　要靖
特別コメンテーター　中垣　昌美

〔平成28年度　日本仏教社会福祉学会　大会概要〕

〔事務局報告〕〔日本仏教社会福祉学会役員名簿〕〔編集後記〕〔会則・理事会規程〕

〔『日本仏教社会福祉学会年報』既刊号総目次・投稿規程〕

〔図書紹介〕

坂井祐円著『仏教からケアを考える』　目黒　達哉

〔研究ノート〕

仏教系幼児施設における生命尊重の心を育む動物介在活動
―移動動物園の活動事例を中心に―　百瀬ユカリ

〔研究論文〕

高齢者施設における宗教的な関わりの評価及び普及の可能性
―仏教関係の介護老人福祉施設での調査を通して―　河村　諒

〔第47号〕平成29年刊行

〔第50回大会　公開記念講演〕

基調講演 「アジアのソーシャルワークにおける仏教の役割
―共通基盤の構築に向けて―」　石川　到覚

〔国際学術フォーラム報告〕

「仏教ソーシャルワークと西洋専門職ソーシャルワーク―次の第一歩―」　郷堀ヨゼフ

〔日本仏教社会福祉学会第50回大会記録・
淑徳大学創立50周年記念国際学術フォーラム大会記録〕

〔事務局報告〕〔編集後記〕〔会則・理事会規程〕

〔『日本仏教社会福祉学会年報』既刊号総目次・投稿規程〕

〔図書紹介〕

頼尊恒信著『真宗学と障害学
―障害と自立をとらえる新たな視座の構築のために―』　吉村　彰史

木越康著『ボランティアは親鸞の教えに反するのか―他力理解の相克―』　佐賀枝夏文

〔第46号〕平成27年刊行

〔第49回大会　公開記念講演〕

基調講演 「建学の理念と災害支援―同朋大学におけるその関係性―」　沼波　政保

〔第49回大会　公開シンポジウム〕

「仏教社会福祉と災害支援―将来の災害支援に向けて―」　パネリスト　大河内真慈
竜沢　悟
木越　康
コーディネーター　田代　俊孝

〔研究ノート〕

相談援助におけるクライエントの「受容」と援助者の「自己覚知」をめぐって
―法然の凡夫観をてがかりに―　郡嶋　昭示

中原実道氏のカウンセリング理論について　曽根　宣雄

〔日本仏教社会福祉学会第49回大会記録〕

〔事務局報告〕〔編集後記〕〔会則・理事会規程〕

〔『日本仏教社会福祉学会年報』既刊号総目次・投稿規程〕

〔書籍紹介〕

藤森雄介著『仏教福祉実践の轍《わだち》　近・現代、そして未来への諸相』　大久保秀子

浄土宗総合研究所仏教福祉研究会編『浄土宗の教えと福祉実践』　長崎　陽子

〔実践報告〕

「自宅・地域は終の住処となりえるのか」についての一考察　佐伯　典彦

〔研究論文〕

ソーシャルワークにおける仏教の役割に関する日本・ベトナム比較研究
—仏教保育研究における両国の現状に関する研究—　佐藤　成道

〔第44・45合併号〕平成26年刊行

〔第46回大会東日本大震災対応プロジェクト特別報告会〕

支援活動を通じて見えてきたネットワークの必要性　パネリスト　加藤　正淳

いのちの声に耳を澄ますボランティア
曹洞宗青年会による東日本大震災での災害復興支援活動　久間　泰弘

東日本大震災における全日本仏教会の取り組みについて　東田　樹治

コーディネーター　藤森　雄介

〔第47回大会公開講演〕

記念講演　「東アジアの高齢者自殺と仏教」　朴　光駿

基調講演　「災害支援と仏教社会福祉—東日本大震災の経験を通して—」　大村　英昭

〔第47回大会公開シンポジウム〕

東日本大震災における日本仏教界の動向について　パネリスト　藤森　雄介

災害支援と日常活動における仏教の役割　栗田　修司

「心の相談室」の活動と「臨床宗教師」の提唱　谷山　洋三

コメンテーター　大村　英昭

朴　光駿

コーディネーター　清水　海隆

〔第48回大会公開講演〕

「災害支援と仏教社会福祉の課題」　多田　孝文

〔第48回大会公開シンポジウム〕

東日本大震災被災地支援へ向けた本会の取り組みと経過　パネリスト　奈良　慈徹

寺院に特化した、本当に役立つ災害への備えを一冊のガイドブックに
「寺院備災ガイドブック」の完成と今後の取り組み　自覚　大道

東日本大震災における日本仏教界の動向について
（アンケート調査結果報告第二報）　藤森　雄介

コーディネーター　清水　海隆

〔日本仏教社会福祉学会第47回大会記録〕

〔日本仏教社会福祉学会第48回大会記録〕

〔事務局報告〕〔編集後記〕〔会則・理事会規程〕〔既刊号総目次・投稿規程〕

〔実践報告〕

いただいたいのちを生き切るケアプランとは―仏教と居宅介護支援―　佐伯　典彦

高齢者を中心とした「交流の場」づくりの実践報告　大塚　明子・金田　寿世
―映画上映を素材として―　渡邊　智明・井手　友子
矢吹　和子・五十嵐信泰
壬生　真康・石川　到覚

〔研究ノート〕

隠岐共生学園の社会事業―戦後の女学校・保育事業を中心に―　田中美喜子

〔第43号〕平成24年刊

〔第46回大会特別企画〕

子ども家庭福祉の動向と仏教社会福祉の可能性　柏女　霊峰

〔第46回大会誌上シンポジウム〕

『仏教』が果たす役割とは―児童養護施設の現場から考える―　徳岡　博巳

地域に保育所が存在する意味　蒲池　房子
―お寺の保育園から発信するいのちの教育―

第46回大会公開シンポジウムについて　コーディネーター　清水　教惠

特別企画について　編集委員会

〔研究論文〕

災害救援者のための仏教を背景とした災害支援システムの必要性について　栗田　修司
―メンタルヘルスの視点から―

臨終行儀書における介護・看病者の心得　長崎　陽子

仏教社会福祉における仏教保育研究の意義　佐藤　成道

〔事務局報告〕〔編集後記〕〔会則・理事会規程〕〔既刊号総目次・投稿規程〕

〔実践報告〕

死別に伴う在宅高齢者に対する宗教家の関わり方の検討　河村　諒

浅草寺福祉会館による思春期・青年期への支援事業　金田　寿世
井手　友子
壬生　真康
石川　到覚

〔研究ノート〕

「法華七喩」について―仏教福祉の視点から―　吉村　彰史

緩和ケア病棟における宗教者の活動の現状　村瀬　正光
―ビハーラにおけるビハーラ僧―

〔第42号〕平成23年刊

〔第45回大会公開講演〕

「弘法大師空海の高野山開創と『誓願』」　藤村　隆淳

「人権・差別の歴史と現状」　藤本眞利子

「空海思想と仏教社会福祉」　藤田　和正

〔第45回大会公開シンポジウム〕

「仏教社会福祉から見た差別の構造とその克服」　パネリスト　小笠原正仁
大塚　秀高
近藤　祐昭
コーディネーター　山口　幸照

〔日本仏教社会福祉学会第45回大会記録〕

〔事務局報告〕〔役員名簿〕〔編集後記〕〔会則・理事会規程〕〔既刊号総目次・投稿規程〕

〔研究論文〕

日露戦争期における仏教団体の社会事業と地方改良事業　名和月之介
―仏教婦人会の事業活動を中心に―

浅草寺福祉会館活動の史的展開　金田　寿世
渡邊　智明
壬生　真康
石川　到覚

〔調査報告〕

緩和ケア病棟における仏教者の評価―遺族調査から―　村瀬　正光

〔第41号〕平成22年刊

〔第44回大会公開講演〕

学問としての仏教社会福祉に、いま、問われているもの　中垣　昌美

〔第44回大会公開シンポジウム〕

前近代における仏教福祉の思想・実践の系譜について　シンポジスト　宮城洋一郎
―現代社会福祉へ問いかけるもの―

死ぬ苦しみからの解放　シンポジスト　田久保園子

現代社会福祉における仏教社会福祉の存在理由　シンポジスト　長上　深雪
―現状を踏まえた将来展望―　コメンテーター　足立　　叡
武田　道生
コーディネーター　石川　到覚

〔日本仏教社会福祉学会第44回大会記録〕

〔事務局報告〕〔役員名簿〕〔編集後記〕〔会則・理事会規程〕〔編集規程・投稿規程〕

〔論文〕

バイステックの７原則と仏教思想―仏教理論の補完的導入―　池上　要靖

〔研究ノート〕

カンボジアの“開発僧”の社会活動について　作田　光照

ビハーラ病棟での実践からみえてくる仏教者の役割　森田　敬史

〔投稿論文〕

真宗障害者社会福祉に関する理論的研究　頼尊　恒信
—「われら」の地平をベースとして—

〔実践報告〕

生活困窮者のための葬送支援—平生から臨終の精神的苦痛を考える—　吉水　岳彦

正信偈に学ぶ仏教介護的視点について　佐伯　典彦

〔調査報告〕

日蓮宗における社会福祉事業・活動の現状と課題（２）　藤森　雄介
—アンケート調査結果からの考察—　渡邊　義昭

〔第40号〕平成21年刊

〔第43回大会公開講演〕

北海道開教と「大谷」　太田　清史

北海道における仏教と司法福祉の歴史—大谷派の場合—　福島　栄寿

〔第43回大会公開シンポジウム〕

北海道における仏教と司法福祉—その歴史と課題—　シンポジスト　寺永　哲
小熊　雄顕
コーディネーター　佐賀枝夏文

〔日本仏教社会福祉学会第43回大会記録〕

〔事務局報告〕〔役員名簿〕〔編集後記〕〔会則・理事会規程〕〔編集規程・投稿規程〕

〔調査報告〕

浄土宗寺院・住職の社会福祉実践と意識　石川　基樹

日蓮宗における社会福祉事業・活動の現状と課題（１）　藤森　雄介
—アンケート調査結果からの考察—　渡邊　義昭

〔研究論文〕

高齢者の安楽死における仏教的理念　齋藤　尚子
山口　幸照

浄土真宗本願寺派のビハーラ活動とその現代的意義　奈倉　道隆

北海道における開教と開拓に見る仏教社会福祉の原点　中垣　昌美
名和月之介

〔第39号〕平成20年刊

〔第42回大会公開講演〕

現代の課題—非合理なるがゆえにわれ信ず—　池田　勇諦

〔第42回大会公開シンポジウム〕

仏教の社会的実践・その現代的課題　シンポジスト　水谷たかし

—仏教・医療・福祉の接点—　田畑　正久

奈倉　道隆

コーディネーター　田代　俊孝

〔研究論文〕

セツルメント光徳寺善隣館の再評価—佐伯祐正の人間関係を中心として—　小笠原慶彰

〔海外情報〕

慈済会について　川村　伸寛

〔日本仏教社会福祉学会第42回大会記録〕

〔事務局報告〕〔役員名簿〕〔編集後記〕〔会則・理事会規程〕〔既刊号総目次・投稿規程〕

〔実践報告〕

老人デイサービス利用者への仏教介護的な相談・助言に関する試論　佐伯　典彦

終末介護期における認知症高齢者へのケアの在り方　伊東眞理子

〔研究ノート〕

社会参加する仏教—原始仏教経典をケーススタディとして—　池上　要靖

〔研究論文〕

“ブッダ最後の旅”に見る仏教的ケアの在り方　玉井　威

赤ん坊の研究—乳児福祉の根本問題—　金子　保

〔第38号〕平成19年刊

〔第41回大会公開講演〕

出世間道と菩薩道—仏教から見る人間と社会—　小山　一行

〔第41回大会公開シンポジウム〕

人権・社会問題と仏教社会福祉　シンポジスト　金刺　潤平

寺本　是精

近藤　祐昭

コーディネーター　菊池　正治

〔日本仏教社会福祉学会第41回大会記録〕

〔事務局報告〕〔役員名簿〕〔編集後記〕〔会則・理事会規程〕〔既刊号総目次・投稿規程〕

〔調査報告〕

浄土宗寺院と住職の社会福祉に関する活動と意識についての一考察　鷲見　宗信

〔研究論文〕

心の象徴と心の哲学的均衡点—福祉実践の哲学的方法論—　藤田　和正

聞名に開かれる共同体—真宗における健常者と障害者との共生の視座—　頼尊　恒信

〔第37号〕平成18年刊

〔第40回大会公開講演〕

私の中のキリスト教　西村　惠信

〔第40回大会公開シンポジウム〕

仏教とキリスト教の邂逅―その福祉実践と課題―　シンポジスト　阿部　志郎　秋山　智久　中垣　昌美　田代　俊孝　コーディネーター　長谷川匡俊

〔日本仏教社会福祉学会第40回大会記録〕

〔事務局報告〕〔役員名簿〕〔編集後記〕〔会則・理事会規程〕〔既刊号総目次・投稿規程〕

〔特別寄稿〕

『仏教社会福祉辞典』編纂と今後の課題　中垣　昌美

〔調査報告〕

仏教福祉実践報告―訪問調査を通して―　徳田　恵　石川　到覚　長谷川匡俊

「浄土宗社会福祉事業・活動に関するアンケート調査」に関する一考察　関　徳子

〔研究ノート〕

仏教と心学の邂逅―遠江育児院をめぐる人びと―　三浦　辰哉

僧侶がコーディネートする在宅福祉サービスについての考察　佐伯　典彦

〔研究論文〕

感化事業、社会福祉、海外支援活動―仏教感化救済会系教団にみられる近代仏教福祉の発展過程―　ランジャナ・ムコパディヤーヤ

知的障害児はなぜ美の世界を創り出すのか―戸川行男の『特異児童』の研究を中心に―　金子　保

〔第36号〕平成17年刊

〔第39回大会公開講演〕

アジア諸国における社会福祉の動向と課題―社会開発アプローチの模索―　萩原　康生

〔第39回大会公開シンポジウム〕

アジア諸国における仏教社会福祉―仏教は福祉従事者の養成にどう応えるか？―　シンポジスト　釋　恵敏　金　漢益　ウディタ　ガルシンハ　ギャナ　ラタナ　コーディネーター　石川　到覚

〔日本仏教社会福祉学会第39回大会記録〕

〔事務局報告〕〔役員名簿〕〔編集後記〕〔会則・理事会規程〕〔既刊号総目次・投稿規程〕

〔特別報告〕

アジアの仏教徒と協同して始まった社会事業　小野　正遠

国を超えたいチャレンジワーク―アジア諸国に絵本を届けよう―　井手　友子
吉川　眞浩
金田　寿世
渡邊　智明
矢吹　和子
瀬川　惠子
石川　到覚

仏教的スピリチュアルケアの動向―タイと日本を事例にして―　浦崎　雅代

〔海外情報〕

スリランカの難民子弟救援の仏教寺院　小野　文珖

〔研究論文〕

仏教者の福祉活動再考―初期経典に見るサンガの活動―　池上　要靖

仏教とハンセン病―『妙法蓮華経』における「癩」字をめぐる一考察―　奥田　正叡

〔第35号〕平成16年刊

〔第38回大会公開講演〕

地域福祉における仏教者の役割を考える　志田　利

〔第38回大会公開シンポジウム〕

地域福祉における仏教者の役割を考える　シンポジスト　石川　到覚
谷山　洋三
横山　義弘
志田　利
コーディネーター　池上　要靖

〔追悼文〕

仏教（真宗）カウンセリングを先駆けた西光義敞師逝く　中垣　昌美

〔研究ノート〕

壬生台舜と浅草寺福祉会館　金田　寿世
若林　清美
壬生　真康
石川　到覚

古義真言宗の近代社会事業史概観　北川　真寛

〔日本仏教社会福祉学会第38回大会記録〕

〔事務局報告〕〔役員名簿〕〔編集後記〕〔会則・理事会規程〕〔既刊号総目次・投稿規程〕

〔研究ノート〕

明治期にみる日蓮宗の児童保護事業の一考察　関　徳子

〔研究論文〕

鬼子母コンプレックス　金子　保

〔第34号〕平成15年刊

〔第37回大会公開講演〕

都市の中のもうひとつの癒しの場　秋田　光彦

—コミュニティと寺院の関係を再考する—

〔研究論文〕

仏教における慈悲と福祉　池田　敬正

〔実践報告〕

特養ホーム利用者への終末期の声かけに関する仏教的考察　佐伯　典彦

〔研究ノート〕

ビハーラ活動における超宗派の取り組み方について　大河内大博

—ビハーラ病棟での実践を通して—

〔日本仏教社会福祉学会第37回大会記録〕

〔事務局報告〕〔役員名簿〕〔編集後記〕〔会則・理事会規程〕〔既刊号総目次・投稿規程〕

〔実践報告〕

仏教福祉学のキーワードを探る　その２・苦　谷山　洋三

—ビハーラ僧のスピリチュアルケア—

仏教系社会福祉施設運営・経営とリスクマネージメントの登場について　安部　行照

—運営から経営へ変革迫られる社会福祉施設の課題—

〔研究論文〕

感化救済事業奨励下の仏教慈善病院　中西　直樹

仏教ソーシャルワーカーの可能性を考える上で　熊澤　利和

仏教ソーシャルワーカーの可能性を考える上で　藤腹　明子

—スピリチュアルケアという側面に焦点をあてて—

仏教ソーシャルワーカーの可能性を考える上で—期待と危惧—　田宮　仁

〔第37回大会公開シンポジウム〕

「仏教ソーシャルワーカー」の可能性—仏教社会福祉専門職養成にむけて—

シンポジスト　石井　勲

森田　俊朗

落合　崇志

コメンテーター　村井　龍治

コーディネーター　小笠原慶彰

〔実践報告〕

浅草寺福祉会館における思春期への取り組み　金田　寿世

―スクールソーシャルワーク実践の試み―　渡辺　智明

石川　到覚

壬生　真康

〔研究ノート〕

仏教と精神保健福祉に関する研究　熊澤　利和

―家族の位置づけをめぐって―

介護サービス提供と仏教介護―介護実践の立場から―　佐伯　典彦

〔事務局報告〕〔会則・理事会規程〕〔会員名簿〕〔編集後記〕

〔第31号〕平成12年刊

〔公開講演〕

今、宗教福祉に問われるもの　阿部　志郎

〔公開シンポジウム〕

戦後日本の仏教系社会福祉事業の歩みと展望　シンポジスト　宮城洋一郎

落合　崇志

梅原　基雄

清水　海隆

コーディネーター　長谷川匡俊

〔研究論文〕

戦後の部落問題と仏教　近藤　祐昭

〔調査報告〕

寺院地域福祉活動の現状と可能性　小笠原慶彰

―本願寺派教団単位地域ブロック委員の意識調査を踏まえて―　中垣　昌美

〔研究ノート〕

浄土教福祉論の思想的問題　鈴木　善鳳

〔事務局報告〕〔会則・理事会規程〕〔会員名簿〕〔編集後記〕

〔第30号〕平成11年刊

〔公開講演〕

臨終と福祉―仏教とターミナル・ケア―　庵谷　行亨

〔公開シンポジウム〕

臨終と福祉　シンポジスト　庵谷　行亨

柴田　寛彦

金　　貞鏞

コメンテーター　水谷　幸正

コーディネーター　田宮　仁

〔特別寄稿〕

日本仏教社会福祉学会の回顧と展望　西光　義敞
—薄明のなかにたたずみ想う—

〔研究論文〕

中西雄洞の修養論　土井　直子
—『労働共済』誌上にみる商工青年会と中西雄洞—

〔海外情報〕

バングラデシュの仏教福祉　その２　—社会福祉についての意識—　谷山　洋三

〔研究ノート〕

仏教社会福祉の主体的契機について　長崎　陽子

〔事務局報告〕〔会則・理事会規程〕〔会員名簿〕〔編集後記〕

〔第29号〕平成10年刊

〔公開講演〕

日米ボランティア考　猿谷　要

〔公開シンポジウム〕

仏教とボランティア活動　シンポジスト　中嶋　儀一
有馬　実成
大河内秀人
コメンテーター　重田　信一
コーディネーター　石川　到覚

〔研究論文〕

高齢者離婚事例に見る現代家族の危機　東　一英

仏教社会福祉に関する日韓の比較研究　株本　千鶴
—その３　仏教系老人福祉施設利用者の生活実態をめぐって—　金　貞鏞
田宮　仁

戦前期における浅草寺社会事業に関する考察　大久保秀子
—『浅草寺社会事業年報』をめぐって—

〔海外情報〕

バングラデシュの仏教福祉　その１　—Āśram（養護施設）—　谷山　洋三

〔事務局報告〕〔会則・理事会規程〕〔会員名簿〕〔編集後記〕

〔第28号〕平成９年刊

〔公開シンポジウム〕

仏教福祉再考　シンポジスト　長谷川匡俊
中垣　昌美

高石　史人
司会　石川　到覚

〔研究論文〕

近代社会と仏教福祉実践―九条武子と関東大震災―　佐賀枝夏文
安達憲忠の仏教社会事業思想―『貧か富か』を中心に―　土井　直子
仏教司法福祉実践試論―高齢者離婚事件―　桑原　洋子
東　一英
吉元　信行
新居　澄子

〔活動報告〕

東光寺における痴呆性老人のデイケアについて　木川　敏雄

〔研究ノート〕

浄土宗のこども図書館とコミュニティ―児童福祉の視点から―　栗田　修司

〔事務局報告〕〔会則・理事会規程〕〔会員名簿〕〔編集後記〕

〔第27号〕平成９年刊

〔公開講演〕

真言宗と社会福祉―高野山の場合―　和多　秀乗

〔公開シンポジウム〕

仏教福祉と地域社会―地域相扶と「共済」―　演者　池田　敬正
重田　信一
司会　岩見　恭子

〔特別分科会〕「仏教福祉と阪神・淡路大震災」

阪神大震災救助活動　川原　光祐
阪神・淡路大震災における
　真宗本願寺派寺院の被災状況および救援活動の実態　村井　龍治
中垣　昌美
阪神大震災と仏教福祉　桂　泰三
高野山大学のボランティア活動報告　所　祥瑞
司会　菊池　正治
宮城洋一郎

〔研究論文〕

仏教社会福祉に関する日韓の比較研究
　―その１　韓国・曹渓宗の仏教福祉活動を中心に―　株本　千鶴
金　慧棹
田宮　仁
瓜生　岩と児童救育事業　合田　誠
仏教婦人会活動と社会事業
　―浄土真宗本願寺派の仏教婦人会を手がかりに―　中垣　昌美
徳広　圭子

〔活動報告〕

アーユス（仏教国際協力ネットワーク）の活動について　水谷　浩志

〔事務局報告〕〔会則・理事会規程〕〔会員名簿〕〔編集後記〕

〔第26号〕平成７年刊

〔公開講演〕

空也上人の生涯と思想　川崎　龍性

〔公開シンポジウム〕

仏教福祉と国際家族年　演者　安部　行照
岩見　恭子
中垣　昌美
司会　菊池　正治

〔研究論文〕

パーリ仏教における慈悲　柏原　信行

慈悲考―原始仏教に見られる福祉思想の原点―　谷山　洋三

大正期仏教免囚保護事業の動向　村井　龍治
滝村　雅人

現代僧侶の福祉意識　清水　海隆

鹿児島県の過疎問題と仏教福祉　桂　泰三

〔研究ノート〕

空海の密教における福祉理念―『大日経』を題材として―　湯通堂法姫

〔事務局報告〕〔会則・理事会規程〕〔会員名簿〕〔編集後記〕

〔第25号〕平成６年刊

〔公開講演〕

大西良慶和上の人となりと社会奉仕　森　清範

〔公開シンポジウム〕

日本における仏教福祉の原点を探る　演者　中井　真孝
宮城洋一郎
西光　義敞
助言者　中垣　昌美
北元　昭性
司会　池田　敬正

〔研究論文〕

仏教護国団と京都養老院の設立　池田　敬正

仏教司法福祉実践試論（２）　桑原　洋子
―家事調停事件と保護観察中の少年のケースを素材として―　東　一英

吉元　信行
新居　澄子
仏教社会事業学説史の研究　　中垣　昌美
池田　和彦

〔実践報告〕
養護施設における家庭機能　　松尾　正澄

〔海外情報〕
ライファーズ（終身刑者）の悲嘆と再生　　島崎　義孝

〔事務局報告〕〔会則・理事会規程〕〔会員名簿〕
〔日本仏教社会福祉学会年報総目次〕〔編集後記〕

〔第24号〕平成５年刊

〔公開講演〕
子どもの仕合わせを考える―仏陀の教えをいただくものとして―　　福田　杲正

〔公開シンポジウム〕
仏教思想が児童福祉に与える影響　　演者　荻野　芳昭
佐賀枝夏文
福田　杲正
司会　一柳　豊勝

〔研究論文〕
ビハーラ活動の現代的役割　　奈倉　道隆
―浄土真宗本願寺派の実践を通じて―
福祉の基底としての仏教　　安藤　順一
平安仏教の社会的実践と良吏について　　宮城洋一郎
大正期仏教児童保護事業の動向　　中垣　昌美
―保育事業と日曜学校の関わりから―　　村井　龍治
滝村　雅人

〔研究ノート〕
林霊法氏の仏教福祉論　　服部　正穏

〔海外情報〕
国際ボランティア組織としてのSVA　　原田　克己

〔事務局報告〕〔会則・理事会規程〕〔会員名簿〕〔編集後記〕

〔第23号〕平成４年刊

〔公開講演〕
人生は間取りよく　　関山　和夫

〔公開シンポジウム〕

社会福祉実践における宗教の役割　演者　池田　敬正

岡田藤太郎

生駒　孝彰

司会　林　信明

〔研究論文〕

韓国仏教社会福祉の課題と展望　慎　燮重

仏教倫理と現代社会　水谷　幸正

黄衣のソーシャルワーカー―スリランカの仏教福祉事例―　上田　千秋

ターミナル・ケアと仏教福祉―その二―　田宮　仁

〔研究ノート〕

学生相談にみる福祉課題の諸相　佐賀枝夏文

〔施設紹介〕

京都文教短期大学付属家政城陽幼稚園　安藤　和彦

〔海外情報〕

アメリカ西海岸の仏教グループとエイズ・プロジェクト　島崎　義孝

〔事務局報告〕〔会則・理事会規程〕〔会員名簿〕〔編集後記〕

〔第22号〕平成３年刊

〔公開講演〕

仏教と福祉　武邑　尚邦

〔公開シンポジウム〕

老人福祉と仏教　演者　上田　千秋

前田甲子郎

武邑　尚邦

司会　宇治谷義雄

〔研究論文〕

重源の社会的実践について　宮城洋一郎

聖ヴァンサン・ド・ポールの信仰と救済　林　信明

『浄土教報』等にみる「社会事業」展開の一考察　硯川　眞旬

―とくに大正期について―

ターミナル・ケアと仏教福祉―その１―　田宮　仁

〔研究ノート〕

仏教社会福祉学における人物史研究　村井　龍治

―明治期仏教慈善事業実践者を中心に―

社会福祉におけるプルラリズム　奥山　桂子

〔施設紹介〕

養護施設「南山寮」　佐藤　憲章

〔自由投稿〕

仏教福祉の視覚と死角　島崎　義孝

〔学会だより〕

事務局報告、会則・理事会規程、会員名簿、編集後記

〔第21号〕平成２年刊

〔公開講演〕

仏教と福祉ボランタリズム　吉田　久一

〔公開シンポジウム〕

仏教福祉とターミナルケア　演者　原田　正二
黒川　昭登
福井　光寿
司会　中垣　昌美
桑原　洋子

〔研究論文〕

親鸞の福祉思想─主体性と連帯性─　上原　英正

近代日本免囚保護事業史における仏教寺院の役割　梅原　基雄

ターミナル・ケアにおけるホスピスとビハーラ　原田　克己

〔実践報告〕

老人ターミナルケアの問題─特別養護老人ホームでの実践を通じて─　兼頭　吉市

〔施設紹介〕

施設処遇の拡大と地方寺院の開放　菅野　弘一

〔学会だより〕

事務局報告、会則・理事会規程、会員名簿、編集後記

〔第20号〕平成元年刊

〔公開講演〕

仏教福祉への期待─市民の立場から─　水江　信雄

仏教福祉の可能性─対象喪失と悲哀の仕事─　小此木啓吾

〔第23回大会公開シンポジウム報告〕

仏教福祉とターミナル・ケア─仏教福祉の広がりを求めて─　田宮　　仁
斎藤　芳雄
小泉　敬信
鵜飼　泉道
木曽　　隆

〔論文〕

仏陀最晩年の福祉思想　吉元　信行

「ビハーラ」その空間への詩論　菅野　実
小野田泰明
間瀬　正彦

実行の人・加藤時次郎―その社会事業実践を中心に―　向井　啓二

近代大谷派教団社会事業の研究　佐賀枝夏文
―留岡幸助と大草慧実の対立抗争をめぐって―

〔研究ノート〕

知恩院社会課の社会事業活動について　松尾　信亮

〔実践記録〕

老人相談についての一考察　井上　敏機
―特別養護老人ホームを中心として―

〔学会だより〕

事務局報告、会則・理事会規程、会員名簿、編集後記

〔第19号〕昭和63年刊

〔第22回大会公開講演〕

良寛の社会福祉　柳田　聖山

〔特別寄稿論文〕

仏教社会福祉の回顧と展望　守屋　茂
―人格的人間の失地回復をめざして―

〔論文〕

「福田会」の研究　小野　文珖
清水　海隆

叡尊の「非人」救済について　宮城洋一郎

非行臨床実務に生きる仏教理念　桑原　洋子
東　一英
吉元　信行

仏教カウンセリング（3）　木川　敏雄

〔実践記録〕

老人・病人に対する仏教ケア　西光　義敞

〔資料紹介〕

宗教大学の社会事業教育に伴う調査活動　石川　到覚
落合　崇志

〔学会だより〕

敬弔　吹田盛徳先生（上田千秋）、事務局報告、会員名簿、編集後記

〔第18号〕昭和62年刊

〔第21回大会公開講演〕

自然保護の論理と倫理　沼田　真

ディアコニアについて　深津　文雄

〔論文〕

仏教カウンセリング（２）　木川　敏雄
—『大乗起信論』における熏習論のカウンセリング的理解—

ヒューマン・エコロジー派ソーシャル・ワークの「東洋的宗教」への問いかけ—C.B.Germainからの「評価」が「問いかけ」るもの—　岡田　真

律令国家の賑給政策と行基の救済事業　宮城洋一郎

観無量寿経に現れた社会福祉的援助法　宇治谷義雄

寺院の援助相談（その五）　佐藤　光兆
—他人の問題で困っていることを訴える二つの事例について—

保育内容の研究—どろんこ保育の基礎理論—　塩川　寿平

〔学会だより〕

事務局報告、会則・理事会規程、会員名簿、編集後記

〔第17号〕昭和61年刊

〔大会公開講座〕

福祉と真宗　浜田　耕生

私と親鸞　三国連太郎

〔論文〕

大関尚之の仏教日曜学校観　村上尚三郎

仏教と老人福祉—老人ホームにおけるターミナル・ケアー—　田宮　仁
小山　剛
兼頭　吉市

真宗教学の立場から見た社会福祉方法　宇治谷義雄

仏教カウンセリング　木川　敏雄

仏教福祉を取り入れた老人楽団の実践活動　寺本　正範

寺院の援助相談（その四）—中心的教本とその活用（２）—　佐藤　光兆

浄土教における仏教社会福祉活動の原理　奈倉　道隆

〔学会だより〕

事務局報告、会則・理事会規程、会員名簿、編集後記

〔第16号〕昭和60年刊

〔第19回大会公開講演〕

現代における福祉問題の焦点　林　霊法
—社会福祉に対する基本的な疑問—

〔論文〕

社会福祉の危機と仏教福祉—基礎福祉と社会的連帯を追う—　守屋　茂

近代における本願寺教団と社会事業　中垣　昌美
長上　深雪

寺院の援助相談（その三）—中心的教本とその活用について—　佐藤　光兆

ソーシャルワークにおける仏教理念の活用　桑原　洋子
—ソーシャルワーク実践試論—　吉元　信行
東　一英

〔学会だより〕

事務局報告、会則・理事会規程、会員名簿、編集後記

〔第15号〕昭和59年刊

〔第18回大会公開講演〕

菩薩について　真野　龍海

〔論文〕

宗教大学社会事業研究室の開室をめぐって　落合　崇志
石川　到覚

武内了温にみる社会事業観　菊池　正治

寺院の援助相談（その二）　佐藤　光兆
—感情誘因性妄想様思考の来談者について—

老人の終末への不安と仏教社会福祉—安楽死論議への疑問—　奈倉　道隆

ある生活保護受給老人の生活保障問題と寺院・地域社会　伊藤　秀一
—東北の人口一万余の町の場合—

〔学会だより〕

事業局報告、会則・理事会規程、会員名簿、編集後記

〔第14号〕昭和58年刊

〔第17回大会公開講演〕

仏教者の社会的役割　信楽　峻麿

〔論文〕

仏教と社会福祉の接点—前提条件についての試論—　田宮　仁

仏教者の「社会福祉」活動は今後も先駆性をもつか　佐々木元禧
—仏教徒方面委員活動から思いいたること—

仏教社会事業の再吟味　守屋　茂
　—親鸞のいう浄土の慈悲を視点として—
障害者福祉と禅—禅門仮名法語からの考察—　池田　豊人
〔学会だより〕
会則、理事会規程、会員名簿、編集後記

〔第13号〕昭和57年刊

〔第16回大会公開講演〕
障害者への理解のために　掘　要
〔シンポジウム〕
障害者福祉における仏教者の立場　高石　史人／常盤　勝憲／寺嶋　久男
〔論文〕
盲人教育・福祉における仏教の役割—「慈眼視衆生」山本暁得と仏眼協会—　赤阪　一
昭徳会における仏教福祉　宇治谷義雄
音楽を通した仏教福祉の実践　寺本　正範
寺院に於ける援助相談について　佐藤　光兆
国際障害者年と仏教教団　大橋　隆憲
〔学会記事〕

〔第12号〕昭和56年刊

〔シンポジウム〕
近代仏教と社会福祉—大乗仏教の立場から見る—　森永　松信
〔論文〕
仏教社会事業の課題　守屋　茂
　—体験としての全人格的人間像を目指して—
近代仏教と社会福祉　芹川　博通
〔学会記事〕〔会員名簿〕

〔第11号〕昭和54年刊

〔論文〕
浄土真宗における社会福祉　宇治谷義雄
大乗仏教精神と社会福祉　森永　松信
仏教社会事業史一考—仏教教団と社会事業従事者養成—　菊池　正治
佐伯祐正にみる社会事業観　込谷　明
アメリカにおける社会福祉と仏教　西光　義敞

仏教における障害者観の一考察Ｉ　内海　正
　―主として概念及び原因論について―
時衆における四恩思想について　早坂　博
障害児教育・福祉開創の軌跡―近代京都の精神風土―　赤阪　一
あいりん地区の就労形態―手配師と公的あっせん―　釈　智徳

〔第9・10合併号〕昭和53年刊

〔論文〕
浄土教と社会福祉　奈倉　道隆
　奈倉　民子
四無量再考　村上　真完
作法に関する道元の説示と精神薄弱教育　内海　正
　―基本的生活習慣の教育的意義―
西光万吉における「親鸞」　近藤　祐昭
仏教社会事業の問題点　西山　廣宣
　―施設機関と宗教（仏教）との関係―
聖徳太子の慈悲観　望月　一憲
「自閉児の教育の方法」に関する考察　河添　邦俊
〔発表レジメ〕
長谷川良信の仏教社会事業について　長谷川匡俊
救療事業と真言律　広瀬　智一
一遍と非人の問題について　早坂　博
〔学会記事〕

〔第7・8合併号〕昭和50年刊

〔論叢〕
日本仏教社会事業への提言―風土と主体性を中心に―　上田　官治
老人が神仏に楽死を祈る流行　福原　蓮月
〔所感〕
年報特集号「仏教社会事業の基本問題」について　上田　官治
仏教社会事業の諸説を巡って　守屋　茂
〔学会記事〕〔消息〕

〔年報特集号〕『仏教社会事業の基本問題』昭和49年刊

仏教社会事業の現状と問題点　西光　義敵
大衆の福祉開発をめざして　福原　亮厳
核心としての精神的要素　道端　良秀

自他の価値づけと妥当の普遍化　森永　松信
内観的主体性の確立　西山　廣宣
仏教社会事業の論理　守屋　茂

〔第６号〕昭和49年刊

〔論叢〕

平安時代の社会救済活動について　早坂　博
仏教社会事業の将来に対する問題点　田岡　貫道
教団社会事業の特質　原田　克己
東北仏教社会事業の歴史的検討　田代国次郎
社会福祉の動向と仏教社会福祉事業　中田　幸子

〔学会記事〕

〔第４・５合併号〕昭和48年刊

〔論叢〕

社会生活と仏教社会福祉　森永　松信
イデオロギーと仏教社会福祉学　西山　廣宣
　―仏教と社会主義ということを中心に―
仏教社会事業考察の前提　清水　教恵
仏教社会事業の回顧と東北仏教社会福祉史の研究　田代国次郎
最澄の思想と社会事業　早坂　博
佐伯祐正における仏教と社会事業　中下　公陽
社会福祉専門職集団における宗教とエトス　原田　克己

〔学会記事〕

〔第２・３合併号〕昭和46年刊

〔論叢〕

慈悲行の成立に関して　村上　真完
仏教福祉理念としての檀波羅蜜についての一試論　西山　廣宣
　―仏教改革の思想（二）―
明治期における仏教社会事業―近代仏教の形成と児童保護―　加藤　展博
聴くことの背景　松田　紹典
仏教社会事業と福祉国家論　原田　克己
仏教社会事業のねらい（究極するもの）　福井　豊信
仏教社会事業の基本的性格について―東洋的伝統を顧みて―　守屋　茂
仏教社会福祉論の成立基底　武田　忠
民間遊行僧の救済活動とその思想的背景　早坂　博

〔第１号〕昭和44年刊

『日本仏教社会福祉学会年報』編集規程

2015年４月25日施行

（名称）

第１条　本誌は、日本仏教社会福祉学会の機関誌『日本仏教社会福祉学会年報』（Japanese Journal of Buddhist Social Welfare Studies）と称する。

（目的）

第２条　本誌は、原則として本学会年次大会報告および本学会会員の仏教社会福祉研究に関する発表にあてる。

（資格）

第３条　本誌に投稿する者は、共著者も含めて本学会会員の資格を得ていなければならない。

（発行）

第４条　本誌は、原則として１年１号を発行するものとする。

（内容）

第５条　本誌に、研究論文、研究ノート、実践報告、調査報告、海外情報、資料紹介、図書紹介、その他の各欄を設ける。

（編集）

第６条　本誌の編集は、日本仏教社会福祉学会会則第４条第３項および第７条の規定に基づき機関誌編集委員会が行う。

（編集委員会の役割）

第７条　編集委員会の役割は、「日本仏教社会福祉学会機関誌編集委員会規程」による。

（投稿要領）

第８条　投稿原稿は、「日本仏教社会福祉学会機関誌『日本仏教社会福祉学会年報』投稿要領」にしたがって作成するものとする。

（著作権）

第９条　本誌に掲載された著作物の著作権は、日本仏教社会福祉学会に帰属する。

（事務局）

第10条　編集事務局は、日本仏教社会福祉学会事務局に置く。

（規程の変更）

第11条　この規程を変更するときは、理事会の議を経なければならない。

附則

この規程は、2015年４月25日より施行する。

日本仏教社会福祉学会機関誌『日本仏教社会福祉学会年報』投稿要領

2015年４月25日施行

1．日本仏教社会福祉学会会則第７条および『日本仏教社会福祉学会年報』編集規程第２条に基づき、投稿者は共著者を含め、原則として投稿の時点で学会員資格を得ていなければならない。

2．投稿の種類は、研究論文、研究ノート、実践報告、調査報告、海外情報、資料紹介、図書紹介、その他とし、研究論文、研究ノート、実践報告、調査報告は、原則として本会会員による自由投稿とする。掲載ジャンルは編集委員会において決定する。

3．投稿する原稿は、未発表のものに限る。

4．投稿原稿は、１編ごとに独立、完結したものとして扱う。したがって、表題に「上・下」「１報・２報」「Ⅰ・Ⅱ」等をつけない。

5．投稿の締切りは、毎年１月末日とする。

6．投稿原稿は、図表・注・引用文献を含めて20,000字以内とする。図表は１点につき600字換算とするが、１ページ全体を使用する図表については1,600字換算とする。

7．投稿するにあたっては、以下を厳守する。

(1) 原則としてワードプロセッサー等で作成し、縦置きA4判用紙に印刷した原稿３部および原稿の内容を入力した電子媒体を日本仏教社会福祉学会事務局宛に送付する。３部の内、１部を正本、２部を副本とする。

(2) 副本の本文では、著者の氏名、所属、謝辞および著者を特定することのできるその他の事項をマスキング等の方法で伏せる。文献一覧等の表記でも、本人の著を「筆者著」「拙著」等とせず、筆者名による表記とする。

(3) 正本、副本とも３枚の表紙をつけ、本文にはタイトル（英文タイトル併記）のみを記載し、所属、氏名等個人を特定できる情報を記載しない。

(4) 正本の表紙１枚目には、①タイトル、②所属、③氏名（連名の場合は全員、ローマ字併記）、④連絡先を記入する。副本の表紙1枚目は、①タイトル以外は、マスキングする。

(5) 表紙の２　枚目には、和文抄録（400字以内）とキーワード（５語以内）を記載する。

(6) 表紙の３　枚目には、英文抄録（200字以内）と英文キーワード（５語以内）を記載する。

8．投稿された原稿および電子媒体は返却せず、２年間保存のうえ、廃棄する。

9．投稿原稿掲載の可否は、機関誌編集委員会が決定する。ただし、論文、研究ノートとして掲載される場合は、査読委員の審査に基づき機関紙編集委員会が決定する。したがって、「査読付」と明示できるのは、「論文」「研究ノート」として採用・掲載されたものに限る。

10．文章の形式は、口語体、常用漢字を用いた新仮名づかいを原則とする。注や引用の記述形式は、「日本社会福祉学会機関誌『社会福祉学』執筆要領〔引用法〕」を標準とする。ただし、他学会等で公認されている引用法による場合は、その引用法を明記するものとする。

11. 投稿原稿に利用したデータや事例等について、研究倫理上必要な手続きを経ていることを本文または注に明記する。また、記述においてプライバシー侵害がなされないように細心の注意をする。
12. 査読による修正の要請については、論文の修正箇所を明示し、対応の概要について編集委員会あてに回答する。また、査読に対する回答の必要がある場合も編集委員会あてに行う。
13. 査読を行わない論稿についても必要に応じて編集委員会より修正を求める。
14. 掲載決定通知後の最終原稿は次のとおり作成する。
    ① 本文・注・引用文献については、印字した原稿とWordまたはテキスト形式で保存した電子媒体を提出する。
    ② 図表は、本文とは別に1葉ごとにA4判にコピーして提出する。図表の挿入箇所は、本文に明記する。なお、特別の作図などが必要な場合には、自己負担を求める。
15. 自由投稿によって掲載された論稿については、抜き刷りを作成しない。その他の論稿については、編集委員会の判断による。
16. 投稿原稿の採否に関して不服がある場合には、文書にて委員会に申し立てることができる。また、委員会の対応に不服がある場合には、日本仏教社会福祉学会理事会に申し立てることができる。
17. 海外情報欄は仏教社会福祉実践およびその研究動向の紹介にあて、その依頼は委員会が行う。
18. 資料紹介、図書紹介欄は、国内外の仏教社会福祉研究に関する文献・史資料の紹介にあて、その依頼は委員会が行う。
19. 本要領の変更は、日本仏教社会福祉学会機関誌編集員会で検討し、理事会の議を経なければならない。

附則

1　この要領は、2015年4月25日から施行する。

日本仏教社会福祉学会機関誌編集委員会規程

2015年４月25日施行

（設置）

第１条　日本仏教社会福祉学会会則第４条第３項および第７条の規定に基づき機関誌編集委員会（以下「委員会」）をおく。

（任務）

第２条　委員会は、日本仏教社会福祉学会機関誌『日本仏教社会福祉学会年報』発行のため必要な編集・原稿依頼・投稿論文の審査・刊行などの事務を行う。

（構成）

第３条　委員会は、編集委員長および委員で構成される。

２　編集委員長には担当理事をもって充てる。

３　委員は編集委員長の推薦により、理事会の議に基づき、代表理事が委嘱する。

（任期）

第４条　委員長、委員の任期は３年とする。

２　ただし、再任は妨げない。

（委員会）

第５条　編集委員長は、原則として年１回、学会大会期間に合わせて委員会を招集する。

２　委員会は、機関誌編集および査読制度に関する基本事項について協議する。

３　委員会は、第２項に関わらず、必要に応じて電子通信等その他の手段を用いて適宜意見交換する。

（査読委員の委嘱）

第６条　投稿論文の審査のため、査読委員をおく。

２　査読委員は委員会の推薦に基づき、代表理事が委嘱する.

３　査読委員の任期は３年とする。

４　代表理事は委員会の推薦に基づき、特定の論文を審査するため臨時査読委員を委嘱することができる。

５　査読委員および臨時査読委員は、委員会の依頼により、投稿論文・研究ノートを審査し、その結果を委員会に報告する。

６　委員会は、査読委員の審査報告に基づいて、投稿論文・研究ノートの採否、修正指示等の措置を決定する。

（疑義・不服への対応）

第７条　委員会は、投稿者から査読内容もしくは採否決定に関して疑義・不服が申立てられた場合には、速やかに対応し回答する。なお、委員会の回答に疑義・不服がある場合、理事会に申立てることができる。

（規程の変更）

第８条　この規程を変更するときは、理事会の議を経なければならない。

附則

1　この規程は、2015年４月25日より施行する。

2　委員の任期は、理事会の任期に同じとする。

日本仏教社会福祉学会会則

第一条（名称）本会は、日本仏教社会福祉学会（Japanese Association for Buddhist Social Welfare Studies）と称する。

第二条（事務局）本会の事務局は、代表理事の指定した地におく。

第三条（目的）本会は、仏教社会福祉に関する学術的研究及び仏教社会福祉事業の推進を目的とする。

第四条（事業）本会は、その目的を達成するため、次の事業を行う。

1　学術大会、講演会、研究会等の開催

2　仏教社会福祉関係の施設及びその従事者との連絡、発展普及のための事業

3　機関紙その他必要な刊行物の発行

4　その他、必要な事業

第五条（会員・会費）本会の会員は次の通りとし、所定の年会費を納めることとする。選挙権・被選挙権については別に定める。

1　個人会員　本会の趣旨に賛同する個人で、理事会の承認を経た者

1－1　一般会員　年会費8,000円

1－2　学生会員　年会費3,000円。個人会員のうち、大学・大学院・専門学校等の教育機関に在学している者（本人の申請による。一般会員に変更可。なお、卒業または修了と同時に一般会員に移行する）

1－3　賛助会員　年会費5,000円。個人会員のうち、満65歳以上の者（本人の申請による。一般会員に変更可）

1－4　実践会員　年会費5,000円。個人会員のうち、仏教社会福祉を実践する者（本人の申請による。一般会員に変更可。

2　団体会員　本会の事業促進のために助成をなす団体で、理事会の承認を経た者。年会費30,000円とする

3　名誉会員　本会に功労のあった個人で、別に定める「名誉会員基準」を満たし、理事会の承認を経た者。名誉会員は会費の納入を要しない

第六条（入会）本会に入会を希望する者は、申込書を本会事務局に提出し所定の会費を納めるものとする。

第七条（会員の権利）

1　会員は、本会刊行物の配布を受け、各種の会合に出席し、また年報及び大会において、その研究を発表することができる。但し、会費を前年度分まで納入していない者は、年報及び大会において、その研究を発表することが出来ず、刊行物の配布を受けられない

2　選挙権・被選挙権については、理事選出規定において別に定める

第八条（退会）退会を希望する者は、退会届を本会事務局に提出する。なお、退会の承認は退会届が提出された年度の年度末とし、過年度分の未納会費ならびに当該年度の会費を納めることとする。また、如何なる場合でも既納の会費は返還しない。会費を３年以上にわたって滞納した者は、理事会において退会したものとみなすことがある。

第九条（役員）本会は次の役員をおく。

1　理事　　若干名、うち一名を代表理事とする。なお、理事会に関する規定は別に定める

2　監事　　２名

第十条（役員の選出）理事及び監事は、別に定める選出規程に基づいて選出し、総会の承認を得る。代表理事は理事会の中から互選する。

第十一条（役員の任期）役員の任期を次の期間とする。

1　役員の任期は３年とする。但し再任は妨げない。就任の期日を４月１日とし、任期終了の期日は３月31日とする。但し、中途において就任した役員の任期は前任者の残任期間とする

2　代表理事の任期は一期３年である。但し、再任の場合は連続二期までとする。また、通算で三期を上限とする

第十二条（職務）代表理事は、本会を代表し会務を施行する。代表理事が事故あるときは、理事の一人が代行する。

監事は、会務及び会計の執行状況を監事する。

第十三条（委員）理事会は、委員を委嘱することができる。委員は、会務執行の促進を図る。

第十四条（事務職員）本会の事務局に事務職員をおく。

第十五条（総会）本会は毎年一回総会を開く。必要がある場合には臨時総会を開くことができる。

第十六条（決議）総会、理事会の議事は出席者の過半数をもって決する。

第十七条（経費）本会の経費は、会費・寄附金及びその他の収入をもってこれにあてる。

第十八条（予算・決算）本会の予算及び決算は、理事会の議を経て、総会によって決定する。

第十九条（会計年度）本会の会計年度は、毎年４月１日に始まり、翌年３月31日で終わるものとする。

第二十条（会則変更）会則の変更は、総会の議決によるものとする。

付則

1　この会則は、昭和四十一年十一月十一日より施行する

2　この会則は、昭和四十五年十月十七日より施行する

3　この会則は、昭和五十二年十月十五日より施行する

4　この会則は、昭和六十二年四月一日より施行する
5　この会則は、平成元年十月二十八日より施行する
6　この会則は、平成十三年十二月一日より施行する
7　この会則は、平成十六年九月十一日より施行する
8　この会則は、平成十七年九月十日より施行する
9　この会則は、平成十八年九月九日より施行する
10　この会則は、平成二十八年十月一日より施行する
11　この会則は、平成三十年九月二十九日より施行する

日本仏教社会福祉学会理事選出規程

第一条（制定の根拠）

本規程は、「日本仏教社会福祉学会会則」第五条（会員）・第九条（役員）・第十条（役員の選出）により、これを制定する。

第二条（選挙管理委員会）

理事会が指名する理事１名と若干名の会員で選挙管理委員会を組織する。

第三条（選挙権・被選挙権）

選挙権及び被選挙権を有する者は、選挙が行われる年の４月１日までに、前年度までの会費を納入している会員とする。

１．一般会員は選挙権、被選挙権をともに有する。
２．学生会員は選挙権、被選挙権をともに持たない。
３．賛助会員は選挙権のみを有する。
４．実践会員は選挙権のみを有する。
５．団体会員は選挙権、被選挙権をともに有する。
６．名誉会員は選挙権のみを有する。

第四条（理事の構成および定員）

１．本学会の理事は、個人会員選出理事（以下、個人理事）と団体会員選出理事（以下、団体理事）とする。なお、団体理事は、当該団体の代表者にこだわらず、学会会員たる者とする。
２．理事定員は18名とする。理事の選出にあたっては、ａ．選挙による選出枠を10名、ｂ．被選出者による推薦枠を８名以内とする。
　ａ．選挙による選出枠のうち、個人理事を７名、団体理事を３名とする。
　ｂ．被選出者による推薦枠のうち、個人理事と団体理事の比率は特に定めないが、地域的配分が考慮されることが望ましい。

第五条（理事選出の方法・手順・理事役員会の構成）

１．個人理事の選出にあたっては、各個人会員が２名を連記する無記名投票により得票数の多い順により選出する。
２．団体理事の選出にあたっては、各団体会員が２団体を連記する無記名投票により得票数の多い順により選出する。
３．個人会員・団体会員別に選挙を実施し、得票数の上位者より定数までを理事候補者とし、選出された理事候補者からの推薦理事候補者と併せてこれを総会の議に諮る。
４．代表理事は総会の承認を得た理事の互選によって選出する。
５．監事は、理事会の推薦により決定する。その職務の内容から、少なくとも１名は本会事務所の所在地に近在の者が望ましい。

以上

（平成10年９月12日　総会承認）
（平成13年12月１日　改正承認）
（平成15年10月18日　改正承認）
（平成16年９月11日　改正承認）
（平成18年９月９日　改正承認）
（平成21年９月５日　改正承認）
（平成30年９月29日　改正承認）

日本仏教社会福祉学会理事会規程

一　本会は理事をもって組織する。
二　本会は日本仏教社会福祉学会の会務を執行する。
三　本会は代表理事が招集する。
四　本会に議長を置き、代表理事をもって充てる。
五　二分の一以上の理事から理事会の招集を請求された場合には、早急にこれを招集するものとする。
六　本会は理事総数の二分の一以上の理事の出席をもって成立するものとする。
七　本会の議事は出席者の過半数で決し、可否同数のときは議長の決定するところによる。
八　議長は理事会の開催場所、日時、決議事項及びその他の事項について議事録を作成するものとする。
九　議事録には、出席理事全員が署名捺印し、常にこれを学会事務所に据え置くものとする。
十　名誉会員は理事会にオブザーバーとして出席することができる。

日本仏教社会福祉学会内規

(1) 慶弔に関する内規
一　日本仏教社会福祉学会の名誉会員及び理事・監事の現職及び経験者を対象として、一万円を上限として祝電等の対応を取ることが出来る。

以上
（平成十四年九月七日　総会承認）
（平成十六年九月十一日　改正承認）

(2) 名誉会員推薦基準内規
一　日本仏教社会福祉学会の名誉会員の推薦基準は、「1」を満たした者の内、2または3の一つ以上に該当するものと定める。
1．推薦時の年齢が75歳以上の者。
2．代表理事経験者。
3．理事・役員の延べ在任期間において3期又は9年以上の者。但し、理事は個人理事としての期間のみを計上する。

(3) 研究会、勉強会等開催の際の講師謝礼に関する内規
一　日本仏教社会福祉学会として開催する研究会、勉強会等に際して講師を依頼する場合、予算の範囲内において、以下の基準を上限として、講師謝礼を支払う事ができる。
1．本会会員の場合、5,000円を上限とする。
2．本会会員以外の場合、20,000万円を上限とする。

以上
（平成二十八年十月一日　改正承認）

日本仏教社会福祉学会研究倫理指針

2016年10月１日施行

第１　総　則

（目的）

日本仏教社会福祉学会は、本学会会員の研究倫理および研究過程および結果の公表等に関して本指針を定める。

（遵守義務）

１．日本仏教社会福祉学会会員は、研究および研究過程・結果の公表に際して、関係法令の遵守や社会人としての一般的な倫理や注意義務は言うまでもなく、研究者としての倫理が付加的に要請されることを自覚し、本指針に則って行動しなければならない。

第２　指針内容

１．研究者は、盗用は言うまでもなく、その疑義を生じさせる行為も、研究倫理違反であると自覚しなければならない。

２．研究者は、引用に際して著作権法等の関係法令を遵守することは言うまでもなく、それ以上に求められる研究倫理上の手続きも踏まえなければならない。

３．研究者は、事例研究法を用いる場合、事例の対象者（当事者）の個人情報の保護等に関して、個人情報保護法等の関係法令を遵守することは言うまでもなく、それ以上に求められる研究倫理上の手続きも尊重しなければならない。

４．研究者は、調査研究法を用いる場合、研究者の所属する機関、または当該調査の実施に当たって承認を得なければならない機関の研究倫理委員会において、その調査が承認されていなければならない。この場合、その承認の事実について明示的に示されていなければならない。ただし、倫理委員会への付議を要さない調査研究については、この限りではないが、一般的な研究倫理を逸脱してはならない。

５．研究者は、書評に際して、公正・客観的でなければならない。

６．書評者は、著者の反論に応答しなければならない。

７．査読に際して、著者と査読者双方が匿名を厳守しなければならない。

８．査読者は、公正・客観的に査読を行わなければならない。

９．査読者は、著者の反論に応答しなければならない。

10. 研究者は、いかなる研究誌に対しても多重投稿を行ってはならない。

11. 研究者は、研究慣行上許容される場合を除いて、同一内容の研究成果を重複公表してはならない。

12. 研究者は、研究誌への投稿に際して、投稿規程、執筆要領等を遵守することは言うまでもなく、不当な不服申し立てを行ってはならない。

13. 研究者は、学会発表に申し込んだ後は、慣行上許容される場合を除いて、発表を辞退してはならない。また要旨集の作成、発表資料の作成、発表時間、発表方法その他の必要な事項について、学会および年次大会実行委員会等の定めたルールにしたがわなければならない。

14. 研究者は、所属機関および他の機関により支給される研究費を用いて研究する場合は、補助金等に係る予算の執行の適正化に関する法律等の関係法令を遵守することは言うまでもなく、研究費の供与機関が定める関係規程や慣行を遵守しなければならない。

15. 研究者は、差別的表現とされる用語や社会的に不適切とされる用語を研究目的に沿って慣行上許容される場合しか使用してはならない。また、許容される理由について明示的に示されていなければならない。

16. 研究者は、差別的表現とされる用語や社会的に不適切とされる用語に関して、一般的に求められる水準以上の感受性を持つよう努力しなければならない。

17. 研究者は、いかなるハラスメントあるいはその類似行為も行ってはならない。

18. 研究者は、いかなる中傷あるいはその類似行為も行ってはならない。

19. 研究者は、共同研究の成果を公表する場合、研究・執筆に関わった者のすべての氏名を明記しなければならない。

附則

1　この指針は、2016年10月1日より施行する。

年報掲載原稿募集！

本誌の一層の充実のため、会員各位の積極的な投稿をお待ちしております。

内容は、（Ａ）研究論文・研究ノート・実践報告・調査報告・海外情報・資料紹介・仏教ソーシャルワーク情報等、（Ｂ）図書紹介等です。

（Ａ）研究論文等の投稿要領は、本誌掲載の「投稿規程」をご覧下さい。（Ｂ）図書紹介等は本誌一～二頁に収まるようにご執筆下さい（分量以外は（Ａ）に準じます。）

（Ａ）（Ｂ）ともに、印刷原稿三部を学会事務局へご提出下さい。提出が確認された後、投稿者へ「受付証」を発行致します。

なお、投稿に関するお問い合わせおよび原稿提出は、本誌奥付掲載の学会事務局までお願い致します。

編 集 委 員 会

編集後記

本誌は極めて異例の内容による発行となっています。まず、コロナ禍により学術大会が延期となった関係で、本誌には学術大会の記録はありません。その大会検討中に亡くなられた中垣昌美先生を偲ぶ二つの「追悼」に始まり、かなり以前に掲載されていた施設紹介の復活としての「仏教ソーシャルワーク情報」「事務局報告」等、横書き面では、査読を経た「研究論文」に続けて、「調査報告」、久しぶりに掲載した「海外情報」、「書籍紹介」さらに既刊号総目次等々という構成です。

それぞれの内容について今回は何もここではコメントせずに、誠に勝手ながら中垣先生の思い出を書かせていただきます。これも異例の発行ということでお許しいただければと思います。

中垣先生は龍谷大学に長く勤務され、本学会にご尽力されました。先生は小生の大学院時代の副指導教授であり、ビハーラ設立に向けた研修でカリフォルニアに連れて行ってくださった方です。そのときロサンゼルスで、かつて中垣先生が輪番をしていられたときの門徒さんの住まいを二人で訪問し、福祉用具を拝見させていただくことになりました。玄関のドアが開くと、中垣先生はその方に満面の笑顔で挨拶をされるや、すぐに部屋の最奥に進まれ、まずはお仏壇にお参りをされたことが（僧侶としては当たり前の行為と思いますが）、小生にはとても印象的でした。今ここにいる目の前の人々とのつながりと同時に、亡くなられた方々との今ここでのつながりをも大切にするところに、いわゆる西欧のソーシャルワークを超えた力強さと不思議な温かみを感じたものです。このような先人の思いを少しでも活かせて発展させていくことが大事だと思いつつ、編集後記といたします。

（栗田修司）

日本仏教社会福祉学会年報　第52号

令和四年七月一日　印刷
令和四年七月一〇日発行

定価（本体二、五〇〇円＋税）

編集・発行　日本仏教社会福祉学会

事務局
〒360-0194
埼玉県熊谷市万吉一七〇〇
立正大学　社会福祉学部内
（TEL〇四八-五三六-一三一八㈹）
（FAX〇四八-五三六-一五二二㈹）

発売元　不二出版株式会社
〒112-0005
東京都文京区水道二-一〇-一〇
（TEL〇三-五九八一-六七〇四）

組版・印刷・製本　株式会社　白峰社

ISBN978-4-8350-6710-0

日本仏教社会福祉学会役員名簿（二〇二〇（令和二）年度）

Ⅰ　個人会員選出理事

清水　海隆（立正大学）代表理事
池上　要靖（身延山大学）
石川　到覚（大正大学）
栗田　修司（龍谷大学）
新保　祐光（大正大学）
長崎　陽子（龍谷大学）
藤森　雄介（淑徳大学）
宮城洋一郎（種智院大学）

Ⅱ　団体会員選出理事

淑徳大学　渋谷　哲
大正大学　宮崎　牧子
立正大学　吉村　彰史
龍谷大学　長上　深雪

Ⅲ　監事

梅原　基雄（元淑徳大学短期大学部）
山口　幸照（密教福祉研究所）

Ⅳ　名誉会員

長谷川匡俊（淑徳大学）

Ⅳ　学会事業・事務局

年報編集委員長　栗田　修司（龍谷大学）
仏教ソーシャルワーク研究プロジェクト　新保　祐光（大正大学）
日本の地域社会におけるソーシャルワークと仏教の協働モデルの開発プロジェクト　藤森　雄介（淑徳大学）
仏教社会福祉学研究史（仮）プロジェクト　池上　要靖（身延山大学）
仏教社会福祉勉強会　東部　梅原　基雄（元淑徳大学短期大学部）
西部　長上　深雪（龍谷大学）
事務局長　吉村　彰史（立正大学）

日本仏教社会福祉学会年報

５２号

令和４年７月

２０２２.７

日本仏教社会福祉学会

目次

〔追悼〕

『仏教社会福祉辞典』編纂の恩人・中垣昌美先生を偲ぶ

大乗淑徳学園　長谷川匡俊

長きにわたり文字通り本学会を牽引してくださった中垣昌美先生は、誰よりもまた本学会を愛し、「仏教社会福祉」の学問的成立に情熱を注がれ、学会の存在感を高めるうえで多大な業績を残されました。

私が先生に初めてお会いしたのは、本学会に入会した一九七五年から間もない頃であったと思いますが、特にお近づきをいただき、さまざまお話をさせていただくようになったのは、私の所属する大乗淑徳学園が学会事務局をお引き受けした八五年からのことです。理事会での示唆に富むご発言をはじめ、会議後の懇親会でもひときわ大きな声で大阪弁をまくしたてられると、当初は驚いたものですが、先生のお人柄がにじみ出て、かえってその場が明るくなり、話題も尽きることなく、大いに盛り上がることがしばしばでした。とにかく多くの会員から慕われ、目標とされる存在であったことは衆目の一致するところです。

私が入会したころには、学会設立に中心的役割を果たされた守屋茂先生や森永松信先生がご健在で、長谷川良信の息子ということもあってか、いろいろと身近に導きをいただいたものです。その後も役員を仰せつかっていた関係から、幾人もの学会重鎮の先学にご教示をいただきました。なかでも上田千秋・中垣昌美の両先生より賜った学恩と御厚情には感謝の外ございません。お二人の遠慮のない学問論議をそばにいて拝聴していた頃が懐かしく思い出されます。

そういえば、「談論風発」、中垣節の観をことのほか印象付けられた場面が思い浮かんできます。二〇〇三年一〇月、身延山大学を会場に第三八回大会が開催された折のこと。大会前日の理事会後の懇親会は宿泊先の下部ホテルに場所を移して催され、夜九時ごろにお開きになったのですが、二次会が待っていました。中垣先生に声を掛けられ、私と同朋大学の田代教授の三人で身延山大学の学長を囲み、「仏教社会福祉」の教育談義に花が咲きました。中垣先生は盛んに新学科設置の手ほどきを身振り手振りを加えて

熱心に語り続け、飲むほどに、酔うほどにいよいよ佳境に入ってきたとき、すでに一二時を回っていました。さすがに大会を翌日に控えていたので、「学長もお疲れの御様子ですから、また次の機会にしましょう」と中垣先生を誘って、その場を閉じたことでした。ぐいぐいと話を詰めて行く「中垣節」、一向に止まらぬ飲みっぷりには驚くばかりでした。もっとも、平素の理事会後の懇親会でも、だいたい最後に残るのは中垣先生でしたが、どちらかといえば私も先生のお付き合いをさせていただいたほうだと思います。

　中垣先生といえば、何と言っても学会の総力を結集して完成を見た『仏教社会福祉辞典』（法蔵館、二〇〇六年）をあげないわけにはいきません（他に『仏教社会福祉入門』あり）。先生の提案により、理事会の決議で始まった過去に類例をみない辞典の編纂事業は、途中、予期せぬ事故等も重なるなか、中垣編纂委員長の言葉を借りれば「忍耐と精進を伴う難しい作業」を経て成就されました。私たちはこの辞典を手掛かりに、「仏教社会福祉」の研究をより深化発展させるとともに、本辞典を実践の道しるべとしても学び取ってまいりたいと思います。本辞典の「仏教福祉と仏教社会福祉」の項目は中垣先生の執筆によるもので、その内容は、先生の主著『仏教社会福祉論考』等で展開された研究の結実と言っても過言ではありません。以下にその一部を紹介してみます。

「仏教福祉は、仏教と福祉の関わり、または仏教慈善（事業）、さらに仏教による福祉（理念・事業・歴史・制度）を目指す包括的概念である。それに対し、仏教社会福祉は、歴史と社会に規定された社会福祉問題に対応する民間社会福祉事業として、仏教はどのように関わっているかを考えると同時に、仏教精神（理念・価値）を主体的契機として、現実的・具体的なソーシャルワーク実践の可能性と固有性を追究することである」と定義しています。そして、「仏教社会福祉の今日的課題は、民間社会福祉の一翼を担い、大乗仏教の精神を基盤とする心のケアやターミナルケアにみられる自発的・主体的な社会福祉実践活動の具現化である」とも記しています。

　中垣先生の社会福祉学および仏教社会福祉研究の方法に恩師・海野幸徳教授の影響があることは、先生ご自身が著書や講演でもお認めになっていることです。学問の体系化志向や概念規定を揺るがせにしない恩師譲りの学風に、私も学んでゆきたいと思います。

　先生、長いことご指導賜りありがとうございました。至心合掌

〔追悼〕

中垣先生を偲んで

龍谷大学　長上　深雪

中垣先生と最後にお会いしたのは、先生がお浄土に旅立たれる年の二月半ばでした。ちょうど、大阪市内で大阪母子寡婦福祉大会が開催され、ながらく大阪母子寡婦福祉連合会の理事として関わってこられた先生は、普段と変わりなく大会に出席され、連合会の理事のみなさんと歓談されていました。その姿は生涯現役という先生の生きざまをよく表し、今でもその席上で皆を叱咤激励しておられた姿が目に焼き付いています。

先生は、龍谷大学在職時には、学部長をはじめ数々の要職につかれ、龍谷大学の社会福祉研究・教育の発展に心血を注いでこられました。そして多くの学生が先生を慕い、先生のもとで学んだことを胸に社会福祉界で活躍していることは言うまでもありません。また、学外では、とくに日本社会福祉学会、日本仏教社会福祉学会などの学会活動に尽力されてこられました。とりわけ日本仏教社会福祉学会は先生にとってもっとも重要であり、常に学問としての仏教社会福祉とは何か、仏教社会福祉学が成立する根拠は何かといった学問的な追究と、一方では仏教社会福祉学会の発展に熱情を注いでこられたことは周知のとおりです。先生の熱情は終生変わることなく、その姿に私たち学恩を受けたものは、追いかけても追いつけない、そして研究者としても教育者としても先生の偉大さを改めて感じています。先生の学恩は、言葉で言い表すことはできないほど大きな、そして深いものです。先生への心からの感謝を込めて、以下に先生をお浄土にお送りした二〇二〇年七月一一日に龍谷大学代表として読ませていただいた弔辞を掲載させていただきます。

弔　辞

中垣先生

先生とお別れをする日がこようとは、つい数か月前まで思いも

よらぬことでした。今年の二月一一日、先生が生涯、大事に関わりをもってこられた大阪母子寡婦福祉連合会の福祉大会にご出席されたあとで、懇親の場をもたせていただきました。その時には、お酒もいつもの先生らしい召し上がり方で、まだまだお元気なご様子だったように思います。この二、三年はお会いするたびに、「これが遺言、さっきのも遺言」と、あるいは別れた後に、電話をかけてこられ「もう一つ言い残したことがあった」と仰ったこともありました。そのたびに、「先生、そんなこと仰ったら本当になるから」と茶化したりしていましたが、やっぱりその時がとうとう来てしまいました。この四月にはお電話ではありましたが元気なお声を拝聴し、またお会いできることを楽しみにしておりましたものの、二月の場が最後になってしまいました。必然の別れではありますが、残念でなりません。

さて中垣先生が、研究者として日本社会福祉学会、日本社会学会をはじめとして多数の学会での活動に精力的に取り組まれてきたことはだれしもが認めるところです。なかでもとりわけ、先生が特に力を注がれたのは日本仏教社会福祉学会でした。日本仏教社会福祉学会では長らく理事などの要職を引き受けられ、さらには理事長としても、学会の発展を牽引してこられました。名誉顧問となられてからも、機会あるごとに理事会にご出席いただきましたが、先生がご出席されると理事会の空気がピンと張り詰め、その存在感に圧倒されたものです。つねに、社会福祉とは何か、仏教社会福祉に求められるものは何か、いつも本質的な理論的課題を問うておられました。その厳しい学問的姿勢が多くの教え子を育てていったことは間違いありません。先生の講義を受けた学生はだれもが先生の「イエ、ツチ、ムラ」のフレーズを胸に刻むのですが、その教えの真髄は、つねに「社会福祉学における歴史性、社会性」を忘れるなということであったように思います。

龍谷大学での先生の功績には多大なものがあります。なかでも学生を厳しくも暖かく指導され、多くの学生を育ててこられました。当時の中垣ゼミには、優秀な学生が集まり、そんな学生で研究室はいつも活気にあふれていたことを思い出します。私は違うゼミでしたが、卒業論文の諮問で副査を担当していただきました。当時から、学問的にすごく厳しい先生で、諮問ではかなりの追及を受けたことを昨日のように覚えております。先生の近くに寄るだけで足が震えたのは、私だけではないでしょう。ずいぶん、鍛えられました。卒業後も先生を慕う学生のなんと多いことでしょうか。先生の退職記念パーティには全国から二〇〇名以上の卒業生がかけつけ、ホテルの方が感動されたことをよく覚えています。

いま、先生の薫陶を受けた卒業生たちが、とりわけ社会福祉の領域で、全国的にもトップランナーとなって活躍していることは、本学の誇りであり財産となっています。

龍谷大学では、学部長や学会長などの要職をこなされました。

とくに、海野幸徳先生によってはじめられた本学の社会福祉学講座を発展させ、浄土真宗を建学の精神にもつ本学の特殊性に沿った社会福祉研究・教育を牽引されてきました。なかでも文学部社会学科社会福祉学専攻から、社会学部社会福祉学科に昇格し、大津市の瀬田に社会学部創設の運びとなったのは、中垣先生のご尽力によるものです。本学の社会福祉研究・教育の屋台骨を中心的に担われた功績は、わたしたちの心にいつまでも大きく刻まれ、後世に引き継がれていくことでしょう。

先生は、お寺のおつとめもありましたので、いつも走っておられました。口癖の一つは、「忙しいミツバチは悲しみをもたない」、というものでした。龍谷大学を定年退職されると同時に、大学院開設の中心教授として四天王寺大学にうつられました。そこでも、学生の指導に、社会福祉法人や団体の応援団として、忙しく過ごされていました。先生が理事をされたり、関わりを持たれた社会福祉法人や団体は数多くあります。一度関わりを持たれると、最後まで面倒をみる、というのも何かしら先生の信念であったように感じます。先生の支えや教えのもとで、多くの人たちが勇気と元気をもらって活動を続けておられる姿に私自身も触れ、先生の偉大さを改めて感じています。

ご住職はもちろんのこと、研究者として、また私たち後進、教え子の先生として、そして社会福祉事業に取り組むあまたの団体の良き相談相手、指導者として最後まで現役でいらっしゃいました。生涯現役、いのちつきるまでライフワークとして社会福祉研究、教育、実践をまっとうされた先生にふさわしい旅立ちのように思います。先生の訃報に接してまもなくのこと、『季刊　せいてん』が届きました。変わらずの先生のお姿に涙するとともに、こうして今も私たちに教えを届け続けてくださっていること、そして先生の存在は紛れもなく私たちのすぐそばに、私たちの心に在ることを思わずにはいられません。

先生の教えや生きてこられたお姿は、私たちの心にしっかり刻まれていることを先生にご報告し、これまでの学恩に深く深く心から感謝する次第です。先生、本当にありがとうございました。

二〇二〇年七月一七日

龍谷大学副学長　長上　深雪

十代の居場所『やんちゃ寺』

やんちゃ寺　佐藤すみれ

一、活動内容

「やんちゃ寺」とは、滋賀県の寺院をお借りして、生きづらさを抱える中学生や高校生向けに開催している居場所である。十代の子どもたちが週末や放課後お寺に集まり、無料の食事やお菓子を楽しむ。ゲームや卓球、ボードゲーム、スタッフとの雑談などをして過ごす傍ら、歌手のスタッフからボイストレーニング体験や、外国人スタッフから英会話レッスンが行われることもある。子どもたちはしばし日常生活から離れ、普段とは異なる経験や人間関係を楽しむ中で、社会で活躍する能力や生き方の多様性、世界の広さを体験する。

二、死を考えて生き方を選ぶ

「やんちゃ寺」の詳細に入る前に、活動の根底に流れる筆者の感覚について触れておきたい。筆者が幼稚園児の頃、父の大きな病気が明らかになった。小学生に上がる頃には、筆者は常に、「父は近々死ぬんだ」と思いながら生きてきた。

ありがたいことに、医療の進歩に何度も助けられ、父は今も存命である。しかし、どこかの時期で父が本当に亡くなる以上に、筆者の家族は常に父の「死」と共に生きてきた。父がいつ死んでも大丈夫なように考え、準備をし、人間というものは永遠ではないのだと、綺麗事ではなく実際の覚悟として毎日背負いながら、生きてきた。

『仏教福祉の考察と未来――仏教の死生観――』（長谷川、二〇二一、四五頁）には、「生死無常」についての言及がある。頑張れる人と頑張れない人の違いは、「無常」を理解しているかそうでないかの違いである、という切り口は興味深い。筆者はどの宗教にも特別な深い思い入れはないものの、どう考えても生き方のベースに「無常への理解」がある。

人生には終わりがある。周囲の存在や今の環境は永遠には続か

ない。長谷川（二〇二一、二三四頁）は「余命が半年だと聞かされればどのように生きるか」といった課題を取り上げているが、筆者の人生は常にこの問いの連続であった。今どう生きるか、何を選ぶか。どう行動するか。常に死をすぐそばに感じた状態で、選択してきた。そこで筆者が選んだのは、人の役に立つために自分の命を使う、という生き方だった。

筆者は県職員（公務員）の臨床心理士として行政機関に勤めながら、週末の無償ボランティアとして「やんちゃ寺」の活動をやってきた。自分のためではない活動への原動力が、結果的に自分の人生を豊かにしてくれているのであるが、次章でさらに詳しく述べていきたいと思う。

1、「やんちゃ寺」でパーティゲームを囲みくつろぐ、子どもたちと多世代のスタッフ

三、対等な関係性

「やんちゃ寺」では、スタッフは支援者としては存在せず、「ただの人間同士」として対等に過ごす。対等に尊重された関係性の中で、子どもたちが他者や社会、そして自分自身への信頼感を回復しながら、自分らしく、自律的、適応的に生きていけるよう応援することを目指している。この「支援として存在するのではない」、「やんちゃ寺」の在り方が、設立当初はどうもうまく理解されず、上から目線で子どもたちを導き、諭したいような感覚が社会には蔓延っていることを思い知ったが、『仏教社会福祉入門』（日本仏教社会福祉学会、二〇一四、四頁）には、「やんちゃ寺」が目指す姿勢をずばり表現した一文がある。

> 「共に生き（共生）、共に慈しみのこころを育て（共育）、共に平等である人間が限りないいのちを生きる存在として認め合っていくこと（共感）こそ、さとりの智慧（仏智）を主体的契機として実践する仏教社会福祉の原点であると考えます。同情（sympathy）ではなく、真の平等と寛容に支えられた共感（empathy）の世界です。依存ではなく、自立の絆をつなぎ合う結いの世界です。なぜなら、特定の篤志家が特定の階層に与える救済や援助ではなくて、すべての人間が互いの寄り添いながら支援の輪を広げるところに、仏教ソー

シャルワークの使命と抱負があるからです。」

「やんちゃ寺」においてスタッフは、いろいろな過去や経験のある一人の人間として、ありのままの等身大で子どもたちと接する。子どもたちは、その年齢のその一人の個人として尊重され、一人前扱いの感覚を持つ。その中で彼ら彼女らは、自分の頭で考え、いろいろな大人の考えを聞き、自分の人生を主体的に生きる自信や安心感を得ていく。一方的に押しつけられた価値観は人生に本当の価値を発揮しないが、自分で見つけた価値観は人生の役に立つ。長谷川（二〇二一、四三頁）は、支え合う社会のあり方について、「彼のために（フォア・ヒム）」と「彼とともに（トゥギャザー・ウィズ・ヒム）」の二種類の姿勢があると述べている。

> 「『彼のために』という捉え方は、『ため』にする側の論理と言いましょうか、それが強くなっていきますと、結果的に受ける側も負担感が強くなっていくわけです。（中略）要するに、何も無くなった時に、直にそばにいる人とお互いに配慮しあう、それが意識的に、より主体的に取り組まれるところに『トゥギャザー・ウィズ・ヒム』の真価があるのではないかと思います。」

仏教社会福祉の考え方は、「やんちゃ寺」の目指す多くの姿勢を代弁してくれていると感じる。押しつけの奉仕ではなく本当に誰かの人生の役に立ちたいと思ったとき、謙虚な姿勢を常に意識していたい。「やんちゃ寺」は設立前から仏教社会福祉の考え方を意識していたわけではなく、やんちゃ（筆者はやんちゃという言葉を、いわゆる「ヤンキー」や「非行少年」から、スカートの丈が短かったり校則違反の化粧をしていたりと「プチギャル」くらいまで含む、間口の広い意味合いで使用している）をしている子どもたちが、ありのままで受け止められる居場所を作ろうと思ったとき、筆者は寺院を活動場所に選んだのであるが、寺院での活動の理由や目的について、次章で述べていきたいと思う。

四、なぜ活動場所が寺院なのか

その答えはシンプルである。臨床心理士として勤める筆者が出会ってきた非行少年、少女が口を揃えて言う言葉――「修行したい」「違う自分になりたい」「滝に打たれたい」「いつもと違うところに行って、生まれ変わりたい」。この言葉が答えである。

言葉の奥にある彼ら、彼女らの本音を考えたとき、――落ち着ける静かな場所で、普段とは違う自分の一面を見つけ出し、自分に期待したい。自分自身への肯定感を見つけ出したい。――そんな声が聴こえてきた。彼ら、彼女らが求める場所として、両親が檀家としてお世話になっている草津市「遍照寺」が頭に浮かんだ筆者は、御住職に事情を打ち明けたところ、活動への共感とご快

諾を頂き、「やんちゃ寺」設立に至った。

中学生や高校生にとって、寺院は非日常な場所である。「遍照寺」は商店街の少し奥まった場所にある。静かで荘厳な雰囲気の中に、久しぶりに来た「ひいばあちゃん家」のようなあたたかい包容力も感じさせる。「やんちゃ系中高生」の居場所を寺院で開催することに、驚きの声を聞くことも多いが、兄弟が多く親にゆっくり構ってもらえる時間が少なかったり、片親家庭や共働き家庭において兄弟の面倒を見ることを頼まれなかなか自分の時間をゆっくり取ることが難しかったり、親からの暴力や母の恋人の出入りなど落ち着かない環境の中で安全感を感じることが少なかったりと、「やんちゃ系中高生」の背景にある環境的な生きづらさに対し、寺院での開催は、案外好評で、本質を捉えたものなのだと思われる。

アメリカには街のそこかしこに教会がある。宗教如何に関わらず、メンタルヘルスの支援は教会が目指すところと一致するとして、自助グループ等の民間活動に、教会は積極的に場所を貸している。日本にはアメリカほどの教会はないが、コンビニ以上の数の寺院が存在する（文部科学省、二〇二〇）。寺院の特徴を生かした活用実践の例として、『仏教社会福祉入門』（日本仏教社会福祉学会、二〇一四、九七頁）には「十代、二十代の居場所　寺子屋ぷらと舎」が取り上げられているが、本来寺院は地域社会の中で人が集まる「場」としての機能を持っており、江戸時代の寺子屋のような歴史的な事例などに即して考えても、寺院そのものが地域における諸活動の拠点となり得ることについて、多くの説明は必要ない。

二〇二一年九月現在において、他寺院の御住職から「やんちゃ寺」の活動への共感とご協力の声が上がっており、他拠点での開催が四箇所ほど決まっている。

五、自分の個性を誰かの価値に

誰もが、何らかの形で試練や喪失を経験する。筆者は高校生の頃、それまで居場所となっていた全ての場に亀裂が入り、家も、学校も、長年所属していた卓球チームさえ筆者の居場所ではなくなった。ありのままの自分でいられる居場所がなく、自分に自信が持てない状態で、家に帰らず、学校にも行かず、

2、草津市　遍照寺　外観
庭に卓球台を出して卓球を楽しむ子どもたちとスタッフ

悪い先輩と夜遊びを繰り返していた。その後、周囲の友達や先生に支えられ、心理学の大学に進み、臨床心理士や公認心理師の資格を取るのであるが、心理士として勤め始めた当初、教育や福祉の現場で「グレていた」時期の話をすることは一切なかった。日本の教育のレールから大きくはみ出すことなくやってきた、「優等生」周辺の人たちの価値観のもと、過去を隠して仕事をしていた。

ある日、たまたま筆者の過去を、他から聞いて知った同僚が「やんちゃの居場所をやらないか？」と声をかけてきた。話を聞くと、不登校やひきこもりなど非社会的不適応を示す子どもたちへの理解や支援の種類は豊かになってきているものの、万引きや対教師暴力、売春などのいわゆる「非行」と呼ばれる反社会的不適応行動の形で生きづらさを表出している子どもたちに対しては、行政による矯正指導がほとんどで、前者に比べると理解や支援に乏しい現状があった。どんな不適応行動にも共通して、根本には生きづらさや寂しさ、自信のなさがある。非行系の子どもたちには、叱責や否定といった対応が取られやすく、本当に子どもたちが欲している注目や承認がより手に入りにくくなる悪循環に陥りがちである。そのような現実に気付いたとき、筆者は、自分の過去をオープンにして、誰かのために使おうと決めた。

長谷川（二〇二一、五一頁）は『仏教福祉の考察と未来』の中で、「死者と共に生きる」姿勢について述べている。苦しい過去、消したい感情と乖離、断絶せずに、繋がり続けてそれをも抱えて生きること。それこそが真の復興であり、本当の意味での回復である。筆者が自分の過去と共に生きることを選べたように、「やんちゃ寺」では、様々な過去や経験、職業を持つスタッフが、それぞれのありのままを持ち寄って活動している。その全てが子どもたちにとって生き方のバリエーションとなり、家庭での親、学校での先生が示す以外の未来もこの世界にはたくさんあるという、広い視野の獲得に繋がっている。また、自分自身が一つのレールに当てはまらなくても、活躍の方法はいくらでもあること、自分にも必ずいいところがあるという事実を認識するきっか

3、勉強に取り組む子どもたち
学校に行っていなかった時期に遅れた勉強を教えてほしいと、自分からスタッフに訴え勉強に取り組む子どもたちも

けにもなっている。

何か悪さをして補導されたり、鑑別所に繋がったり、少年院に入るなどしたとき、必ずといっていいほど「生まれ変わる」というような変化を周囲から期待され、また本人も自分自身にそれを課す。以前の自分から変わらなくてはならない、という意識が、あまりにも以前の自分を否定するものになっていないか、心配になることがある。

法律を守らない、誰かを傷つける行為は絶対にしてはいけないことは間違いない。ただ、その行動をするに至ってしまった自分自身への理解や、背景への対策というものは、繰り返さないためにも必須である。過去の過ちを断絶して「生まれ変わる」ような変化を期待しても、実際には無理をしすぎていて大きな揺り戻しがある。過去と繋がり続けたまま、駄目な自分も受け入れ、その上でどうしていくかを考える方が、自分にとっても周囲にとっても現実的で、誠実だ。全ての経験は、必ず何かの役に立てていくことができる。「やんちゃ寺」は、いい経験も悪い経験も、リサイクルのようにまた誰かの何かに繋がっていく、そんな輪を生む場を目指している。

『仏教社会福祉入門（二〇一四、一〇六頁）』には、社会的包摂、ソーシャルインクルージョンの考え方が取り上げられている。社会的排除と対の概念とされており、全ての人の個性や特徴を、社会の構成員として包み合い、支え合うことで、孤独や孤立、排除や摩擦をなくしていく姿勢である。これは社会という枠組みだけでなく、個々人それぞれ一人の存在を考える場合にも適用できるものではないかと筆者は思う。自分の中にあるいろいろなもの全てを受け入れ、価値を見出し、そしてそれを誰かのために使っていく。社会の中で、個人の中で、一見すると排除したい、受け入れがたいものにも価値を見出し、受け入れ合い、活用し合っていく姿勢は、結局はまわりまわって全ての人間にとって、ウィンウィンである。

六、日本の現状から、よりよい未来へ

日本における若者の自殺者数は先進国の中ですば抜けて多く、若年層の死因第一位が自殺であるのは、日本のみである（厚生労働省、二〇二一）。欧米諸国において、「学校は勉強をする場。生き方や道徳は地域で学ぶ」といった考えに基づく多様な居場所の確保が進んでいるのに対し、日本社会に用意されているレールはまだまだ画一的であり、学校や家でうまくいかなければ「死ぬしかない」といった閉鎖的な感覚は拭えない。自分が受け入れられていると感じる居場所の欠如や、自分が他者に役立つ存在であると思える出番の欠如は、自殺の要因の一つとして挙げられている（Thomas E.Joiner Jr = 2011）。

『仏教福祉の考察と未来』において長谷川（二〇二一、三七頁）は、他者の役に立てる機会それ自体に感謝するといった「福田」

の考え方に基づく生き方について述べている。ボランティアをするにも、そのボランティア活動を履歴書に書くためであるとか、会社で研修が免除になるからといった別の目的のための「手段」としてボランティア活動を用いることは、相手に対しても活動に対しても失礼であり、本質を見失っている。相手の役に立つというその過程そのものを目的として、与え合い助け合う姿勢が、筆者たちの生きる現代において今後特に重要になってくるのではないだろうか。コロナ渦において、筆者たちは経験したことのない不安の中にいる。先が見えず、正解もわからない。自分の人生や判断に何らかの軸がないと、目の前の行動すら選べない程、真っ暗闇を歩かされているような時代である。長谷川（二〇二一、四九頁）によると、東日本大震災後の地域復興において、現在を基準にして意見を出し合うとどうにもまとまらないのだが、未来に焦点を当てて考えると途端に話がまとまるのだという。自分たちの世代だけの短期的な利益ではなく、子どもや孫の世代を見通した選択をする。過去や現在の課題に真摯に向き合い、「これから」のための行動を選ぶ。そうすると、人々は同じ目標に向かう同志のような感覚のもと、課題解決のために力を合わせることができる。

　筆者の大先輩にあたる、滋賀県で県職員として勤め「近江学園」を設立した糸賀一雄氏の言葉、「一隅を照らす灯」――これは、仏教から着想を得た精神である。

世界規模の感染症による閉塞的な時代を生きる筆者たちは、手元の、身近な、自分に出来る小さな人助けを、これまで以上に意識したい。地域福祉、児童福祉、社会福祉――福祉というのは、人の「幸せづくり」である。大きなことでなくても、福祉には関われる。生きているだけで、皆が福祉を作っている。幸せは、皆で作っている。

参考文献

長谷川匡俊、仏教福祉の考察と未来――仏教の死生感、国書刊行会、二〇二一
日本仏教社会福祉学会、仏教社会福祉入門、法藏館、二〇一四
Thomas E.Joiner Jr.、北村俊則 監訳、奥野大地、鹿沼愛、弘世純三、小笠原貴史 訳、自殺の対人関係理論：予防・治療の実践マニュアル、日本評論社、二〇一一
厚生労働省、令和二年版自殺対策白書、二〇二一
文部科学省、宗教統計調査、二〇二〇

〔事務局報告〕

令和二年度　日本仏教社会福祉学会

第一回理事・役員会報告

日時：令和二年四月十八日（土）より

場所：コロナウィルス感染症の流行により
メール審議により開催

出席（回答）（敬称略）

代表理事　清水　海隆

個人理事　石川　到覚・栗田　修司・長崎　陽子・
長谷川匡俊・藤森　雄介・宮城洋一郎

団体理事　長上　深雪・渋谷　哲・宮崎　牧子・吉村　彰史

監　事　梅原　基雄・山口　幸照

事務局長　吉村　彰史（団体理事兼任）

欠席

個人理事　池上　要靖・新保　祐光

議案

〔第一号議案〕：会員の異動について

（一）入会会員の承認

次の個人会員六名・団体会員一団体の入会申し出が説明され、了承された。

○個人会員

【一般会員】

田代　幹康（東京福祉大学）
石田　賢哉（青森県立保健大学）
長谷川美貴子（淑徳大学短期大学部）
谷内　孝行（桜美林大学）
柱本　惇（特別養護老人ホームビハーラ本願寺）

【実践会員】

工藤　正司

○団体会員

学校法人日本福祉大学

（二）退会会員の承認について

次の七名の退会について説明され、了承された。

齊藤鉄也・村井龍治・井村圭壯・奥野成賢・森田敬史・
冨岡量秀・井上長樹

（三）会員種別変更について

次の二名の種別変更について説明され、了承された。

永田真隆　実践会員へ変更（Ａ一二三八→Ｊ一二三八）
千草篤麿　賛助会員に変更（Ａ一〇九八→Ｓ一〇九八）
前回承認済

＊これにより会員数は、個人会員一九五会員、団体会員二四団体、合計二一九会員。

なお、個人会員内訳は、一般会員一八二名、学生会員五名、賛助会員五名、実践会員三名。

(四) 会費未納会員について

二〇二〇年四月現在の会費未納者一覧が確認され、状況の確認がなされ、未納者には督促することが了承された。

〔第二号議案〕令和元年度事業報告・収支決算（案）について

(一) 令和元年度　事業報告

令和元年度事業報告が、以下の通りになされ、質疑応答ののち了承された。

1. 総会・理事会開催

総　会　令和元年九月一〇日（火）（於：浅草寺福祉会館）

理事会　第一回　平成三一年四月二七日（土）（於：立正大学）

第二回　令和元年九月一〇日（火）（於：浅草寺福祉会館）

2. 年報刊行事業

令和元年度　第五〇号は刊行が遅延している。大会講演内容の整理の遅延のため。

3. 研究助成事業

(1) 仏教社会福祉勉強会は未開催

(2) 学会賞（学術賞・奨励賞）授与事業

次回は第七回学会賞（対象期間：平成三〇年一月一日～令和二年一二月三一日）となる。

4. 第五四回学術大会開催事業

令和元年九月一〇日（火）～九月一一日（水）於：浅草寺福祉会館

本堂での厳かな法要から始まり、一般の参加者も多数参集された中での熱の籠った講演・シンポジウム、そして多岐にわたる研究発表が無事に開催された。

5. 広報事業

(1) ニュースレターの発行（年2回）

三一号・三二号を発行。

(2) ホームページ維持・管理：株式会社　国際文献社

年二回更新のところ、更新一回のみ。

(3) メーリングリストでの情報提供

登録者の増加に努めたい。

6. 研究事業

(1) 仏教ソーシャルワーク研究プロジェクト（プロジェクト委員長：新保理事）

(2) 仏教社会福祉学研究史（仮）プロジェクト（プロジェクト委員長：池上理事）

(3)「日本の地域社会におけるソーシャルワークと仏教の協働モデルの開発」プロジェクト（プロジェクト委員長：藤森理事）

7．学会事業担当

(1)担当理事及び委員会

①年報編集担当理事：栗田理事

②研究担当理事：

仏教ソーシャルワーク研究プロジェクト：新保理事

「日本の地域社会におけるソーシャルワークと仏教の協働モデルの開発」プロジェクト：藤森理事

仏教社会福祉勉強会：梅原幹事・長上理事

『仏教社会福祉学研究史（仮）』編集刊行委員会：池上理事

(2)事務局：吉村

8．理事・役員改選

平成三一年四月二〇日　選挙管理委員会設置

（藤森雄介・百瀬ユカリ・吉村彰史）

令和元年六月七日　選挙関連書類一式を発送

七月六日　投票〆切

七月一九日　開票

七月二五日　結果を理事・役員に報告後、代表理事と調整

九月一〇日　理事会で顔合わせ及び総会にて承認

《結果》

個人理事　八名

清水海隆⑪・新保祐光⑪・石川到覚⑨・藤森雄介⑨・栗田修司⑥・宮城洋一郎⑥・池上要靖⑤

長崎陽子①（理事会推薦）

団体会員理事（カッコ内は担当者）四団体

大正大学④（宮崎）、龍谷大学③（長上）、淑徳大学③（渋谷）、立正大学③（吉村）

監事　二名

梅原基雄（元淑徳短大）、山口幸照（密教福祉研究所）

この結果を受け、協議を経て、清水理事が代表理事候補者となった。（総会にて承認）

（二）令和元年度　収支決算（案）

令和元年度収支決算（案）報告が、以下の通りになされ、質疑応答ののち了承された。

（収支決算（案）は別掲資料を参照してください）

〔第三号議案〕令和二年第五五回大会（龍谷大学）について

栗田理事（大会実行委員長）より、以下の概要が示され、了承された。

（一）第五五回学術大会開催趣旨

学術大会も半世紀を超え、新たな局面に入ってきています。若手の会員加入も少なく、一方で長年貢献されてきた会員の方々の退会も目立つようになり、会員数は減少傾向にあります。このため、学術団体としての体制である研究者半数以上を維持しつつも、本学会の趣旨や会員維持のためにも、実践家が入りやすい体制に近年変更しました。しかしながら、いまだに会員増はみられません。こうした負の側面を直視しつつ、未来に向けた新たな方向性をさらに見いだしていくためには、希望という正の側面を前面に打ち出ことが必要であると思います。そこで、今回の学術大会では、今後の実践家の会員増も視野に入れながら実践に焦点をあて、仏教社会福祉実践の課題と可能性をさぐり、本学会における新たな希望的側面を強調しようと考えています。そのための題材として、仏教がもたらした「休息」の意義と実践をとりあげ、そこからさらに仏教社会福祉実践の可能性を見出したいと考えています。こうして本学会の新たな側面を見出し、会員増にもつなげたいと考え、今大会の開催趣旨とします。

（二）基調講演およびシンポジウムについて

(1)全体テーマ「仏教における休息―課題と可能性―」

仏教伝来においては、永忠、最澄、空海などが帰国時に茶を伝来し、その後も栄西などが茶を持ち帰り施薬として普及しましたが、その後、仏事などでも用いられるようになったといわれています。こうした飲茶はその目的が異なれども、飲茶するときに、つかの間の休息を得られることは事実でしょう。このような目的は異なれどもその行為の中に休息の意味を見出せる仏教に深くかかわる文化は散見されます。そうした中から、今回は、基調講演では、「七病を除き、七福が得られる」として仏教と共に伝来したと伝えられる風呂文化を取り上げ、その後のわが国特有で世界に誇れる銭湯の発展の中ではぐくまれたコミュニティにおける休息の意味を考えるとともに、廃れ行く銭湯文化を仏教教団などの力で復活し、街にコミュニティとしての休息を取り戻せないか、考察したいと思います。

(2)シンポジウムテーマ「仏教社会福祉実践における『休息』の意味」

基調講演を受けて、シンポジウムでは、こうした仏教に関連する休息の文化を取り上げ、特に仏教社会福祉実践の視点から考察してみたいと思います。まずは、災害支援という緊急かつ特殊な状況における休息とは何なのか。災害時の寺院開放における休息の視点から言及していただきます。次に、まさに休息の意味であるレスパイトを取り上げ、仏教教団支援における障害者のレスパイトサービスの実践から仏教社会福祉実践について考えます。最後に、学者の立場から、これ

らをうけながら空海以来のお遍路における接待の中における休息の意味について、キリスト教における巡礼と比較しながら地域における仏教社会福祉実践を考えます。

こうした仏教社会福祉実践は、戦後、政教分離の中、仏教教団が行う活動は民間活動として位置づけられました。また、基調講演の銭湯もいわば民間の活動です。その意味で、大阪の民間活動を歴史的に考察してこられた小笠原会員にコメントをいただく予定です。

実行委員長　栗田修司

(三) 実行委員体制（案）

大会長　長上　深雪（本学会理事）
実行委員長　栗田　修司（本学会理事）
実行委員　清水　隆則（本学会編集委員）
長崎　陽子（本学会編集委員）
宮城洋一郎（本学会理事）
児玉　龍治（本学会員）

(四) その他

コロナウィルス感染症の流行状況により開催を延期・中止するとしたら、どのタイミング・どのような手順をとるかが議論され、とりあえず五月末の流行状況を見て、六月一日に判断することが了解された。なお、通常大会開催は困難であり、延期も視野に入るべきとの意見も寄せられた。

（その後、書面表決手続中に、大会実行委員長・栗田理事より、実行委員会での対面開催の中止の決定と、六月末日までにオンライン開催の可能性の検討を行う旨の申し出がなされ、代表理事より先の理事会の追加案件としてメール審議依頼がなされ、了承された。）

〔第四号議案〕令和三年第五六回大会について

代表理事より、本件に関する意見が求められ、東日本大震災十年を経て、被災地での開催を模索したい旨の意見が寄せられた。これを受けて代表理事より第五五回大会の開催状況（第三号議案参照）も関連するが、その可能性を相談したい旨の提案がなされ、了承された。

〔第五号議案〕学会賞に対する具申書の件

継続中の本件について、第五四回大会会場（浅草寺福祉会館）での当事者間のやり取り以降も、学会賞授与に関する抗議文書が引き続き提出されている状況が確認された。意見交換ののち、第二回理事役員会で一定の方向性を決めることが、提案・了承された。

〔第六号議案〕名誉会員推薦の件

長谷川匡俊会員を名誉会員に推薦することが提案され、了承された。

報告事項

（一）各研究プロジェクト

1．仏教ソーシャルワーク研究プロジェクト（新保理事）

(1)淑徳大学の私立大学戦略的研究基盤形成支援事業「アジアのソーシャルワークにおける仏教の可能性に関する総合的研究」に参加

(2)仏教ソーシャルワーク研究プロジェクトとして始めた、会員調査に基づく研究成果を『鴨台論集』（令和二年三月発行）に掲載

(3)臨床宗教師養成課程の授業担当・運営委員として参画

(4)その他

2．日本の地域社会におけるソーシャルワークと仏教の協働モデルの開発プロジェクト（藤森理事）

(1)プロジェクト報告に代わり、「社協調査」報告書を事務局経由で会員各位に送付する。

（二）年報編集委員会・査読委員会（栗田理事）

1．令和元年度活動進捗状況

(1)『年報』五〇号の発行準備、(2)年報編集委員会開催（浅草寺）、(3)『年報』第五一号発行にむけた編集作業、(4)投稿原稿フローチャートの案作成、(5)事例研究実施の検討（会員への研究方法の助言方法として再考察）

2．令和二度事業・活動予定

(1)『年報』五〇号発行作業、(2)『年報』五一号発行にむけて編集作業・発行、(3)年報編集委員会の開催令和二年一〇月四日予定（龍谷大学）、(4)投稿原稿から掲載までのフローチャートおよび査読結果シートの更新、(5)論文執筆のためのサポート体制についての検討（継続）

以上

令和二年度　日本仏教社会福祉学会

第二回理事・役員会報告

日時：令和二年一一月二八日（土）十五時からより
場所：コロナウィルス感染症の流行により
　　　オンライン（ZOOM）会議により開催

出席（敬称略）
代表理事　清水　海隆
個人理事　池上　要靖・石川　到覚・栗田　修司・
　　　　　長崎　陽子・長谷川匡俊・藤森　雄介・
団体理事　長上　深雪・渋谷　哲
監　　事　梅原　基雄・山口　幸照

欠席
個人理事　新保　祐光・宮城　洋一郎
団体理事　宮崎　牧子・吉村　彰史

議案

〔第一号議案〕：**会員の異動について**

（一）入会会員の承認

次の個人会員六名の入会申し出が説明され、了承された。

○個人会員

【一般会員】
神子上　暁（小規模多機能センターはぎ）
大森　亮圭（浅草寺福祉会館）
樽井　康彦（龍谷大学）
趙　梦盈（大阪大学）
花木　義賢

【実践会員】
岡部真貴子（理事会後、体調不良により入会辞退）

（二）退会会員の承認について

次の三名の退会について説明され、了承された。
平田真紹・中垣昌美（逝去）・高石史人（逝去）

＊これにより会員数は、個人会員一九七会員、団体会員二四団体、合計二二一会員。

なお、個人会員内訳は、一般会員一八四名、学生会員五名、賛助会員五名、実践会員三名。

〔第二号議案〕**令和三年度事業計画（案）および予算（案）について**

（一）令和元年度　事業報告

令和三年度事業報告が、以下の通りになされ、質疑応答ののち了承された。

1．総会・理事会開催

総　会　令和三年一〇月二日（土）（於・龍谷大学）

理事会　第一回　令和三年四月二四日（土）（於・立正大学）

　　　　第二回　令和三年一〇月二日（土）（於・龍谷大学）

2. 年報刊行事業

令和三年度第五二号刊行予定

3. 研究助成事業

(1)仏教社会福祉勉強会の開催

(2)学会賞（学術賞・奨励賞）授与事業…次回は第八回学会賞（対象期間：平成三〇年一月一日～令和二年一二月三一日）。

4. 第五五回学術大会開催事業

令和二年度大会が延期のため、令和三年度が第五五回大会

令和三年一〇月二日（土）～三日（日）於：龍谷大学深草キャンパス

　一〇月二日（土）午前　理事会、午後　基調講演・シンポジウム、総会

　　三日（日）午前　自由研究発表

5. 広報事業

(1)ニュースレターの発行（年二回）

(2)ホームページ維持・管理：株式会社　国際文献社

(3)メーリングリストでの情報提供

(4)各仏教系団体等への勧誘

(5)他学会等との交流・協力

6. 研究事業

(1)仏教ソーシャルワーク研究プロジェクト

(2)仏教社会福祉学研究史（仮）プロジェクト

(3)「日本の地域社会におけるソーシャルワークと仏教の協働モデルの開発」プロジェクト

7. 学会事業担当

(1)担当理事及び委員会

①年報編集担当理事：栗田理事

②研究担当理事：

仏教ソーシャルワーク研究プロジェクト／「日本の地域社会におけるソーシャルワークと仏教の協働モデルの開発」プロジェクト：藤森雄介

『仏教社会福祉学研究史（仮）』編集刊行委員会：池上要請

仏教社会福祉勉強会：長上深雪・梅原基雄

(2)事務局：吉村彰史

（二）令和三年度　収支予算（案）

令和三年度収支予算（案）が、以下の通りになされ、質疑応答ののち了承された。

（収支予算（案）は別掲資料を参照してください）

〔第三号議案〕令和三年第五五回大会（龍谷大学）の件

栗田理事（大会実行委員長）より、以下の通り説明され、了承された。

令和二年度大会が延期のため、令和三年度を第五五回大会とし、同一の企画案で開催する。

令和三年一〇月二日（土）〜三日（日）於：龍谷大学深草キャンパス

一〇月二日（土）午前　理事会、午後　基調講演・シンポジウム、総会

一〇月三日（日）午前　自由研究発表

〔第四号議案〕令和四年第五六回大会の件

東日本大震災被災地での開催について調整中の藤森理事より、以下の通り進捗状況が説明され、質疑応答ののち了承された。

開催地・宮城県女川町（女川社協の協力あり）

主催者・東日本大震災支援を行った経緯で、東北福祉大・大正大・淑徳大で考えたい。

開催時期・現地の都合を考慮してつめることとする。

〔第五号議案〕学会賞に対する具申書の件

前回より継続の本案件について意見交換がなされ、対応方向が共通理解された。

〔第六号議案〕年報刊行の件

（以下の報告事項に一括された）

〔第七号議案〕年報転載許可の件

団体会員・浅草寺福祉会館より『（仮）浅草寺福祉会館六〇年のあゆみ』に掲載するため、本学会『年報』に掲載済の関係者の論考一〇点につき、転載許可申請が出されたことが説明され、質疑応答ののち了承された。

報告事項

（一）年報編集委員会・査読委員会（栗田理事）

1．令和二年度活動進捗状況

(1)『年報』五〇号の発行遅延、(2)『年報』五一号の発行作業中、(3)投稿原稿フローチャート検討中

2．令和三度事業・活動予定

(1)『年報』五一号発行にむけて編集作業・発行、(2)年報編集委員会の開催（令和三年一〇月中）、(3)『年報』五二号発行にむけての編集作業、(4)投稿原稿から掲載までのフローチャートの再検討

（二）各研究プロジェクト

１．仏教ソーシャルワーク研究プロジェクト（新保理事）

(1)淑徳大学の私立大学戦略的研究基盤形成支援事業「アジアのソーシャルワークにおける仏教の可能性に関する総合的研究」に関して、調査報告書の原版を提出。

(2)仏教とソーシャルワークの関連の検討を深める機会として、所属校の大学院で「仏教ソーシャルワーク論」を通して、複数の立場から人間観・死生観・援助観を検討。

２．日本の地域社会におけるソーシャルワークと仏教の協働モデルの開発プロジェクト（藤森理事）

(1)「東日本大震災を契機とした地域社会・社会福祉協議会と宗教施設（仏教寺院・神社など）との連携に関する調査」については、二〇二〇年三月一一日付刊行。全会員に配布予定。

(2)「仏教社会支援活動プラットフォーム（ＢＰＨ）」については、登録四件、承認済（手続中）二二件で年度末を迎えた。今後も粘り強く浸透を図っていきたい。

(3)第五回淑徳大学アジア国際社会福祉研究所　国際学術フォーラム「脱植民地化・土着化・スピリチュアリティ・仏教ソーシャルワーク」（二〇二一年二月一八－一九日）が案内され、学会員への広報が依頼された。

３．仏教社会福祉学研究史（仮）プロジェクト（池上理事）

(1)目的…本学会設立より五四年を経過して、研究の蓄積と進展が計られ、二〇〇六年には「仏教社会福祉辞典」、二〇一四年には「仏教社会福祉入門」などの研究業績が発刊されてきた。これらの研究成果を網羅した体系的分野研究を表す専門書として、本プロジェクトにより『仏教社会福祉学研究史（仮）』を纏めて発刊する。

(2)装丁…Ａ五版縦書、総頁四〇〇～五〇〇頁程度

(3)内容案…①地理的・時代的に網羅的に分類し、総括する。②仏教社会福祉という分野に絞って近代以降を中心に分野別に総括する。

＊これらをもとに意見交換がなされ、次回理事会に再検討案を提示することが依頼された。

４．仏教社会福祉勉強会（長上理事・梅原幹事）

コロナウィルス感染症流行により休止中であることが報告された。

（三）事務局報告

１．令和二年度総会について

今年度大会の中止・延期にともない、総会は開催せず、本理事役員会をもって総会に代えることが、代表理事より提案され、了承された。

２．ニュースレター、会費依頼の発送遅延について

ニュースレター・会費振込み依頼および用紙発送が遅延していることが報告された。なお、この報告に関して、事務局員の増員および事務局会議の開催等、事務局機能の強化が強く求められ、代表理事が善処することとされた。

(四) その他

1. 学術会議問題に関する件

日本社会福祉系学会連合より「日本学術会議第二五期推薦会員任命拒否に関する人文・社会科学系学協会共同声明」へのご参加・賛同のお願い」がだされ、本学会の対応が検討された。その結果、「会長として」声明に参加することが了承された。

以上

令和二年度　日本仏教社会福祉学会　総会報告

コロナウィルス感染症の流行による今年度大会の中止・延期にともない、令和二年度学会総会は開催せず、理事会の議決をもって総会審議に代えることが第二回理事会において承認されました。会員各位には事情ご賢察のうえ、ご了承いただきますよう。お願い申し上げます。

代表理事

令和元年度　日本仏教社会福祉学会　収支決算書

令和元年４月１日～令和２年３月31日

収入の部

（単位：円）

項　　目	予算額	決算額	増・減（▲）	摘　　要
前年度繰越金	32,200	1,700,995	1,668,795	
個人会員費	1,600,000	1,261,000	▲ 339,000	8,000円×153口、5,000円×５口、3,000円×４口
団体会員費	690,000	660,000	▲ 30,000	30,000円×22口
貯金利子	1,000	8	▲ 992	ゆうちょ銀行口座利子
雑収入	50,000	58,627	8,627	浅草寺大会返金26,127円、年報売上32,500円
収入計	2,373,200	3,680,630	1,307,430	

支出の部

項　　目	予算額	決算額	増（▲）・減	摘　　要
大会助成費	400,000	400,000	0	第54回大会助成（浅草寺）
年報刊行費	1,000,000	0	1,000,000	年報50号編集経費
研究費	100,000	0	100,000	勉強会講師謝礼等
会議費	20,000	10,964	9,036	理事会会議費等
交通費	150,000	63,660	86,340	諸会議交通費等
通信運搬費	150,000	73,850	76,150	郵便及宅急便費
事務費	50,000	9,085	40,915	文具消耗品
謝金	360,000	360,000	0	事務員謝金
雑費	5,000	1,236	3,764	振込手数料
学会賞賞金	0	0	0	
学術会議分担金	30,000	30,000	0	日本社会福祉学系学会連合
ホームページ維持費	32,400	33,000	▲ 600	国際文献社（本来32,700円。300円は次年度に相殺して請求あり）
理事選出選挙事務費	30,000	33,634	▲ 3,634	選挙用通信運搬費、開封作業者交通費
予備費	10,000	0	10,000	
支出計	2,337,400	1,015,429	1,321,971	

収支総合計

項　　目	予算額	決算額	増・減（▲）	摘　　要
収入計	2,373,200	3,680,630	1,307,430	
支出計	2,337,400	1,015,429	▲ 1,321,971	
次年度繰越金	35,800	2,665,201	2,629,401	令和２年度へ

※学会特別基金①1,000,000円（平成20年７月23日付にて郵便定額貯金で保管）

令和３年度　日本仏教社会福祉学会　収支予算書
令和３年４月１日～令和４年３月31日

収入の部

（単位：円）

項　　目	令和３年度予算	前年度予算	増・減（▲）	摘　　要
前年度繰越金	13,800	35,800	▲ 22,000	
個人会員費	1,527,000	1,515,000	12,000	8,000円×184口、学生3,000円×５名、賛助5,000円×５名、実践5,000×３名
団体会員費	720,000	690,000	30,000	30,000円×24口
貯金利子	1,000	1,000	0	郵便口座利子等
雑収入	50,000	50,000	0	年報売上代金等
収入計	2,311,800	2,291,800	20,000	

支出の部

項　　目	令和３年度予算	前年度予算	増（▲）・減	摘　　要
大会助成費	400,000	400,000	0	第55回大会助成
年報刊行費	1,000,000	1,000,000	0	年報印刷費
研究費	50,000	100,000	▲ 50,000	仏教社会福祉勉強会の際の経費等
会議費	10,000	20,000	▲ 10,000	理事会会議費等
交通費	70,000	100,000	▲ 30,000	諸会議交通費等
通信運搬費	170,000	170,000	0	郵便及宅急便費
事務費	15,000	50,000	▲ 35,000	文具消耗品及封筒印刷等
謝金	360,000	360,000	0	事務員謝金
雑費	3,000	5,000	▲ 2,000	振込手数料等
学会賞賞金	150,000	0	150,000	第７回学術賞・奨励賞
学術会議分担金	30,000	30,000	0	日本社会福祉学系学会連合
ホームページ維持費	33,000	33,000	0	ホームページ更新費
理事役員選出選挙事務費	0	0	0	理事改選
予備費	15,000	10,000	5,000	学会賞関連の雑費含む
支出計	2,306,000	2,278,000	28,000	

収支総合計

項　　目	令和３年度予算	前年度予算	増・減（▲）	摘　　要
収入計	2,311,800	2,291,800	20,000	
支出計	2,306,000	2,278,000	28,000	
次年度繰越金	5,800	13,800	▲ 8,000	令和４年度へ

※学会特別基金①1,000,000円（平成20年７月23日付にて郵便定額貯金で保管）